朱德的早年生活

张文宝 著

图书在版编目（CIP）数据

朱德的早年生活 / 张文宝著. —南京：江苏凤凰文艺出版社，2021.1（2022.5重印）
ISBN 978-7-5594-5270-2

Ⅰ.①朱… Ⅱ.①张… Ⅲ.①纪实文学－中国－当代 Ⅳ.①I25

中国版本图书馆 CIP 数据核字(2020)第 198428 号

朱德的早年生活
张文宝 著

出 版 人	张在健
图书策划	汪修荣
责任编辑	孙金荣
责任印制	刘 巍
出版发行	江苏凤凰文艺出版社
	南京市中央路 165 号，邮编：210009
网　　址	http://www.jswenyi.com
印　　刷	南京捷迅印务有限公司
开　　本	787 毫米×1092 毫米　1/32
印　　张	6.625
字　　数	127 千字
版　　次	2021 年 1 月第 1 版
印　　次	2022 年 5 月第 2 次印刷
书　　号	ISBN 978-7-5594-5270-2
定　　价	26.00 元

（江苏凤凰文艺版图书凡印刷、装订错误，可向出版社调换，联系电话 025-83280257）

目 录

一	没有名字的农家妇女	… 1
二	锅灶前生下小朱德	… 6
三	母爱的春雨洒下来了	… 13
四	辛苦是庄稼人本色	… 24
五	抠出来的读书"洞"	… 32
六	不是穷人孩子读书的地方	… 42
七	无法痊愈的疤痕	… 53
八	把"胖子"耍得团团转	… 62
九	写一个"苦"字	… 72
十	一道生命的桥	… 81
十一	与丁阎王打官司	… 90
十二	风雨飘摇的家	… 99
十三	要有一个读书人支撑门面	… 109
十四	先生为什么有泪光	… 117
十五	跟着席先生回到私塾	… 126
十六	找水,成了朱德的心事	… 136

十七	与参加县试的读书人争个高低	⋯ 143
十八	中国最后一场会试	⋯ 153
十九	府试传来的喜讯	⋯ 163
二十	从沉思中惊醒	⋯ 170
二十一	追寻信仰	⋯ 179
二十二	一条光明又长满荆棘的路	⋯ 187
二十三	母亲心跳的声音	⋯ 198
后记		⋯ 200
参考书目		⋯ 202

一 没有名字的农家妇女

四川省仪陇县，峰峦起伏，丘壑纵横。群山中有一座奇特、醒目的山，叫琳琅山，山腰处一座山岭，像马鞍，叫马鞍山。

马鞍山下有个小集镇，房屋是依山而建，两头大，中间小，活像马鞍一样，就叫马鞍场。这里有几百户人家，离县城七十几里路。

马鞍场对面的李家湾只有几户人家，其中，有一户姓朱的人家，就是朱德的家。

朱德的母亲叫钟氏，生三儿子朱德时二十八岁。她是一位连名字都没有的农家妇女，祖上是漂泊四方表演吹唢呐的艺人，到了父辈时才定居四川省仪陇县。

朱德的父亲朱世林，祖籍广东韶关。明末清初三十年战乱，四川被祸最惨。张献忠率领农民起义军入川，明军滥杀，清军滥杀，地方豪强滥杀，乡村无赖滥杀邀功。接着是南明与清军的战争；还有吴三桂反清后与清军的战争。战乱和屠戮，一六六八年四川全省剩余人口约为六十万人。清朝康熙年间，康熙下令从湖南、湖北、广东等地大举向四川移民，这就叫"湖广填四川"，把稀少的人口再充实起来。这时，朱氏先祖迁移到四川仪陇县马鞍场。

朱德家是个大家庭，男女老少二十多个人，三世同堂，靠朱德祖父朱邦俊用一百吊钱的押金租种地主"丁阎王"丁邱川二十亩田地过活，住的是丁阎王家里破旧的三合院。堂屋背北朝南，左右两间分别是朱德祖父母、大爸大妈的房间，正房右边转角处是朱德三爸朱世和、四爸朱世禄的房间，里面一间是家里临时煮酒的小作坊，下隔壁是朱德父母住的废弃的旧仓房，再往下边是厨房和猪牛圈。

朱德父母的仓房破旧、狭窄、矮小，屋内除床铺、箱柜、桌椅外，连人过路的地方都没有。整个仓房只开了一个小窗，一年到头，照不进阳光，昏沉沉的，散发着一股霉味。

在朱家，平日里，钟氏抿着厚实的嘴唇，话语极少，是一个贤惠、默默干活、省吃俭用、会过日子的农家妇女，她从早到晚干活不停，不知道什么是累。祖母潘氏说她简直像头驴，拉上了磨，不会歇下来。

钟氏有两只大大的亮亮的眼睛，脸上黯黑，蓬蓬的头发在后颈上盘成一个发髻，一双粗糙的手上爆凸着粗粗的血管。她比一般妇女要高大、强壮一些，身上的棉袄、棉裤是左一块、右一块的补丁。她给朱家已生了两个儿子、一个闺女，没日没夜的操劳、干活，让年纪并不大的她在额头上、眼角边生出了一条条细碎的皱纹，显得苍老、憔悴。

钟氏自小爱吹唢呐、爱唱歌、爱听故事，她经常随父亲上山下田干活，唱的歌声响遍山上。唱歌最练嗓子，她在这边山上喊一声，那边山上都能听到。家里吃饭时少了人，母亲都让她喊一声，人当即听到就来了。

钟家四处卖艺，方圆百余里，没有不知道钟家唢呐的。钟家唢呐吹得好，人品也好，重义气。钟家人见多识广，做出的事也得体。一次演出，乡亲们喜欢一首歌，钟氏的父亲连续地上场，放开地唱，嗓子都唱痛了，最后没有多拿一分钱，好名声一下子传出多远。

钟氏随唢呐班到了马鞍场，结识了厚道的朱家人。半年后，钟氏当了朱世林的媳妇。

在李家湾，人都说朱家人口碑好，没听说过朱家院子里有过大声吵闹，朱家老少和乡邻间来来往往像亲戚似的，没有红过脸。钟氏对待公公朱邦俊、婆婆潘氏如同自己的父母一般孝敬，把大伯子、小叔子、妯娌当成亲兄弟、亲姐妹，朱邦俊、潘氏看待钟氏和几个儿媳妇也像亲闺女，掏心说话、掏心做事。

家庭好不好，全凭婆婆会说话、会做事。潘氏特别能干活，是大家庭的组织者，她安排妇女们轮班煮饭，轮到就煮一年。一切生产活计也是她分派、说了算，每年除夕就分派好下一年的事情。她干活比别人多，每天天不亮就第一个起身，接着朱邦俊起来，再接下来，是全家人离开床铺，抢着干活。潘氏这个带头人做得好，一家人各干各的事，挑水的挑水，砍柴的

一　没有名字的农家妇女

砍柴，喂猪的喂猪，煮饭的煮饭，忙忙碌碌、热热闹闹。有时，朱邦俊会满意地夸上潘氏几句话："你这婆婆当得不错，为朱家立功了，我要记你一大功。"

钟氏和几个儿女一样，听得懂客家话，却说不来客家话。

四川的客家人自称"广东人"，把自己说的话叫"广东话""广东腔"。四川人则叫他们是"土广东"，叫他们的话是"土广东话"。

朱世林能用广东话和四川话跟钟氏说话。朱世林和钟氏刚成家时，朱世林有时对钟氏玩笑地说着夹生的客家话，"吃招"，意思就是吃早餐，"吃注"，意思就是吃午饭，"吃夜"，意思就是吃晚饭。钟氏倾听着，半懂不懂，嘴角微弯，带着笑意。朱世林说："笑啥，听出啥子事嘛？"钟氏晃晃头："说的啥子事嘛？"朱世林说："我以为你听懂呢，好听吗？"钟氏顺从地说："好听。"朱世林用纯正的四川话说道："我们家说的是客家话，你要听不懂那就成了哑巴。"

潘氏笑了，宽慰钟氏："甭信他的胡话，他说的啥子广东话，是土广东话，好懂，我说的话你全懂吗？"

钟氏点点头："妈，我听得懂。"

钟氏接连生了两个儿子，潘氏乐不可支，走路劲抖抖，她对邻人有点炫耀说："我家二儿媳妇还要给我生孙子呢。"

邻人说："婆婆，你好福气啊。"

潘氏两眼闪亮地说："是的呢。"

朱世林对钟氏接连给他生了闺女、两个儿子，心里的高兴不比母亲差一点，喜好喝点酒的他，乐得常常抿着小酒，抽着旱烟，哼着小曲儿。

钟氏怀着朱德十个月时，潘氏两眼老是瞅着钟氏隆起的大肚子，不放心地问："这几天能生吧？"

钟氏"嗯"了一声："就是这几天里。"

潘氏端详着钟氏大肚子，笑呵呵地说："看这模样又是个幺儿。"

钟氏说："有点像，这孩子在里面太老实，没啥子大动静。"

钟氏闲不住手脚，挺着大肚子，拎水、劈柴、洗衣服、担粪、下田薅草、种菜、喂猪、织布。潘氏心里爱惜她，冲她唠叨："你胆够大的，说生就生了，还忙活，不要命哪？"

钟氏一脸不在乎的神情："妈，不要紧，我没有那么娇惯，生牛娃子、马娃子时都是这个样子嘛。"

潘氏夺下她手中的锄头，佯装生气地说："真犟，不要干了，你要伤了肚子里的娃子，看我怎么打你。"

潘氏的疼爱，让钟氏心满意足。

一　没有名字的农家妇女

二　锅灶前生下小朱德

一八八六年十二月，李家湾的冬天潮湿、阴冷，大人小孩走在路上，像是有人用湿绳子一下下地抽打着脸，生疼还发麻。

十二月一日的清早，钟氏大肚子上缠着打补丁的蜡染围裙，像往常一样，在厨房里陀螺一般忙碌，煮着瓜菜糊糊，她两手不停地忙，剁南瓜、切菜、烧火、舀水。突然，她肚子一阵紧似一阵地剧痛，忍不住地蹲下来，一只手捂住凸起的肚子，一只手扒着灶台，咬着牙，吃力地喘着气，轻声地喊道："妈呀，要生了——"

家里供着观音菩萨，潘氏正在烧香，没有听到钟氏的喊叫声。

钟氏挪不动步，疼痛得头上汗如雨下，头发湿漉漉的。她心里焦急，待在厨房里不是个事情，总不能把孩子生在锅灶前吧。她憋着一口气，手扒着灶台，慢慢地站起来，扶着墙壁，朝门口一点点挪移。一步、两步、三步，每迈出一步，她肚子里就一阵抽搐、绞痛。门口就在眼前，她看了，觉得十分遥远，难以走到。每挪一步，她就蹲下来，捂着肚子，歇了歇，撑起来，再朝前挪。到门口时，她似乎用尽了浑身力气，身子疲软地靠在门框上，口里无力地挤出一句话，"妈——，要生了——"

仓房里的朱邦俊听到了钟氏喊声，急忙喊道："老婆子，你还念叨啥子嘛，钟氏哭着喊你……"

潘氏早晚都要烧香的，在天地、祖宗灶位插上四根香，一念叨就是半晌。听了老头子的喊声，她心里一个激灵，慌忙说："天哪，生了！"缠着裹脚布的小脚颠跑着，出了堂屋。

钟氏看见婆婆来了，缓了一口气。

潘氏边望着钟氏，边朝旁边屋里连连招手说："老大家媳妇、老三家媳妇，快来，钟氏生了……"

钟氏倚在厨房门框上，眼睛直勾勾地望着跑来的婆婆和两个妯娌，因痛苦而挤歪的脸上带有几丝艰涩的笑容。

老大家的媳妇刘氏吃惊地说："她还笑呢……"

潘氏嗔道："真是的，这个样子还能笑得出来。"

老三家的媳妇说："只有她能这样，我生大小子时都快疼死了，看她，像根本不疼似的。"

"废话，生小孩哪有不疼的？"潘氏用话呛着两个儿媳妇，抢先到了钟氏跟前，一把扯下围裙，扶着她几乎瘫下的身子，焦急地说，"这不快要下来了吗？"她冲着老大家、老三家媳妇嚷嚷，"快，把她扶到屋里。"

回到房间里，钟氏瘫倒在床上。潘氏和两个儿媳妇忙得不

二 锅灶前生下小朱德

可开交，烧开水、找木盆、碎布、旧衣物。朱世林在仓房外不安地走来走去。男人是不能看女人生孩子的，朱世林帮不上任何忙，只能两手拢在袖筒里，在屋外候着。

潘氏坐在钟氏床前。钟氏疼得牙齿碰着牙齿格格响，额头滚下一颗颗汗珠，两眼瞪得又圆又大。她忍着，一只手扒着床，一只手紧紧攥着婆婆的手，没喊一声疼。潘氏的手被钟氏攥住，像蟹爪箝住一样，又疼又酸。老三家媳妇给钟氏擦着汗，很有点可怜地对婆婆说："好本事，一声没哼。"

潘氏嫌她说话不好听，就说："不像你，生个小孩，疼得喊声传下二里路。"

老三家的媳妇低下头，不再吭声。

潘氏俯下身，对着钟氏哄劝说："你要想喊就喊出来，不要硬憋，活受罪。"

钟氏摇摇头。

潘氏疼在心头，泪流下来了。

朱邦俊蹲在屋外，嗫嚅着嘴唇说："她要出点事情，全是老婆子的事，看我怎么收拾你……"

一声啼哭，像春雷，响亮亮的。于是，新的生命诞生了。

潘氏用剪刀绞断婴儿脐带，打了个结，再用红布灰拌的香油抹在肚脐上，拿块布裹起来。

钟氏虽然已有三个孩子，可依旧难掩当母亲的欣喜。她凝视着身旁婴儿，手轻轻地摸摸他的脸蛋，粉嫩柔软，活像清晨带着露珠的花瓣那般。

朱德的早年生活

朱邦俊轻轻吁口气，背着两手，后脑勺拖着一根乌亮的长辫子，走出院子串门去了。

朱世林走进房间里，粗糙的手指在婴儿脸蛋上轻轻地碰了碰，喜出望外地说："长得像我吧。"

潘氏端详着孙子，思量说："还是像他妈多。"

刘氏说："眼睛多大，又亮堂，像他爸。"

老三家的媳妇说："鼻子长得像他妈，笔挺的，嘴唇也像，闭得真紧，金口玉言，耳朵也像，又宽又大，招财进宝啊。"

潘氏笑逐颜开说："像我朱家人，看看，一副武人样子，长大能升官发财。"

钟氏歪着脖子，凝视着儿子，眼里洋溢着欣赏的光彩。

朱世林弯下身，在儿子脸蛋上大口亲一下，说："给幺儿起个啥子名字？"

几个人眼睛都望着潘氏，好像她脸上长着孩子的名字。起名字是大事，尤其给男孩子起名字，更不是随意起的。

潘氏望了望钟氏说："是你幺儿，你起个名字。"

朱世林跟上说："你就起一个嘛。"

刘氏说："他二妈，随便起一个嘛，不就是名字吗？"

潘氏撇了下嘴唇，不悦地说："瞎说话，大名小名咋能瞎起，小孩会随名字长的。"

刘氏身边没有孩子，心里惭愧，不敢吭气了。

钟氏眯起眼，想了想，抬起眉毛说："妈，牛娃子、马娃子都是你起的名，你再给他起个啥子嘛。"

二 锅灶前生下小朱德

潘氏常用动物名给家里孩子取名,她担心男孩出生后养不活,怕被专捉小孩的"鬼魂"捉走,给朱德的大哥起名牛娃子,二哥起名马娃子。她看着朱德,想了想,说:"那就叫阿狗。"

按川北习俗,"阿狗"也被叫作"狗娃子"。

"阿狗娃。"朱世林听了,眯缝着眼笑道,"嗯,顺口,好叫,就叫狗娃子。"

仓房里外几十双目光都热切望向婴儿,长辈们呵护着、祈福着、希冀着这个新生命延续着朱氏家族的血统,他的未来远大前景是有着无限可能的。但朱家人万万没有想到,他的未来竟是属于国家的,他的生命维系着国家的命运,他是中国共产党八路军总司令、共和国的元帅。

"世林呀,"潘氏拿过狗娃子的胞衣,递给朱世林说,"把你么儿胞衣埋到树底下。"

朱世林接过胞衣,出去了。

在李家湾附近,有一个民俗,婴儿诞生,要挖一个喜坑,用碗对碗埋婴儿的胞衣。朱世林儿女的胞衣都埋在院外的树底下。

生下朱德后,钟氏脸上有些苍白,她欠起身,竟说了一句让婆婆没有想到的话:"我起来做饭,我今天活还没做完呢。"

潘氏慌忙捺住她:"说胡话呢,哪家作兴,刚生下狗娃子就要下地干活?躺着,莫动,家里这么多人,还怕少你一个?"

刘氏接上话茬说:"他二妈,你尽管歇着,你的活有我和她三妈帮着干。"

老三家的媳妇说:"是的,我们来干。"

潘氏又接过话来:"万万动不得,产后下地干活会得病的。"

无论怎样劝阻、安慰,钟氏改不了脾气,翻身下了床。

潘氏望着钟氏高大的身材、健壮的体魄,感叹说:"没办法,天生的人天养着,她就是一副忙劳骨的命。"

丢下出生几个时辰的儿子,钟氏就要出门。潘氏知道挡不住她,拿过一块陈旧的蓝布,箍在钟氏脑门上,絮叨道:"天寒地冻,一点不注意,冻出病来,那是一辈子都受罪。"

钟氏甩开两只大脚片,跨进厨房。

出奇了,狗娃子也乖,睡在床上不哭不闹的。

家人早已把早饭做好了,钟氏揭开锅盖,锅里的瓜菜糊糊冒着腾腾的热气;看水缸里,水满当当的,像要溢出来;到猪栏边,两头小猪吃饱肚子,正懒洋洋躺在稻草上。

刘氏走过来,要拉钟氏回屋睡下歇息。钟氏看到石磨边有一小盆泡在水中要磨成糊糊的玉米粒子,走过去,端到磨盘上,朝石磨眼中捧进一点玉米粒子,用胸口顶着石磨上的木柄,使出全身的劲,推起石磨来,那磨碎的玉米拌和着水就像雪泥,一股股流出来。石磨的柄又粗又长,这还是钟氏提出来做成这样的。当时,钟氏看到刘氏独自推磨很吃力,要人帮着推磨,她就想出一个法子,把木柄做大,推起来省力。家里人不信,都说不行,说木柄太长难看。后来,试了试,果然,又好用又轻便。

一阵寒风吹过,树枝上的叶子纷纷落下,在地上铺了一层厚

二 锅灶前生下小朱德

厚的"地毯"。

风吹在脸上,很冷。 钟氏推磨浑身发热,苍白的脸上挂着细碎的汗珠,泛出微微的红晕,傲视着冬天很冷的风儿,给人一种坚韧的力量,在寂寞的冬天里绽出温暖的美丽。

钟氏推着磨柄向前走,看着磨眼里玉米粒慢慢陷下去,不时用手把磨眼外零星的玉米粒朝磨眼里推着。 刘氏走过来,手扶在磨柄上,边说话,边帮着钟氏磨面糊。 钟氏脚步有力,走得快,大气不喘,推得磨盘沙沙转,看起来一点不像刚刚生过孩子的人。 刘氏跟不上钟氏的脚步,不再说话,跟着跑推着磨。 钟氏说:"他大妈,你累了,歇一歇吧。"

刘氏说:"不累。"

钟氏说:"那你快给磨眼里添点玉米吧。"

"我来添。"刘氏朝磨眼里灌些玉米粒,倒点水。

钟氏和刘氏推石磨转圈儿,渐渐,刘氏脚下沉重了。 她对钟氏说:"你哪来这么多的劲,我没法子和你推磨了。"

钟氏笑着说:"你歇歇吧。"

刘氏看到钟氏满脸汗水,看到磨盘下流淌出一股股雪泥般的玉米糊糊……

这当儿,仓房里响起婴儿的啼哭声,狗娃子醒来了。

三　母爱的春雨洒下来了

朱德的弟弟代炳降生了，就此，两岁的朱德吃不上母亲的奶水了。

朱家进入四川第七代是"世"字辈的，第八代是"代"字辈。朱德的大哥叫代历，比朱德大四岁；二哥叫代凤，比朱德大两岁。

孩子越多，母亲越苦。钟氏能干，也就有操持不完的家务活、忙不完的地里活，她根本顾不了身后拖着一群大哭小叫、挂着鼻涕的孩子，有点时间就抱着、奶着、哄着代炳。朱德和代历、代凤、大姐秋香习惯了，除了不煮饭、不缝纫衣服以外，事事都要靠自己。

穷人孩子早当家。朱德早早就会走路、讲话了。朱邦俊摸着朱德的小脑袋，说："狗娃脑袋瓜子聪明，长大会有出息。"

小小朱德自己动手吃饭，鼻涕拖到嘴上自己动手擦掉，晚上睡觉一声不吭爬上床，第二早起床自己穿衣服，纽扣错扣了，代历、代凤笑话他，他再一个一个重新扣起来。一次，朱德坐在一边，看着弟弟在母亲的怀中蹦呀、跳呀、笑呀，最后在臂膀里甜甜蜜蜜地睡觉，他望着，童稚、纯真的眼里含着热乎乎的希望，多想也能睡在母亲的怀抱里！ 钟氏看见了，母爱的春雨挡不住地洒下了，抱过来朱德，放在腿上，给他擤去鼻涕，擦掉脸上的泥巴，笑呵呵地说："狗娃子，这是你的弟弟，他好吗？"

"好。"朱德点点头。

"你就是像这样小一点点长大的。"钟氏细心地教诲，"知道吗，弟弟小，妈不能照顾你，只能照料弟弟……"

朱德似懂非懂地频频点头。 离开母亲，他跟着兄弟"野玩"了，在地里爬来爬去。 朱德想跟代历一块儿玩耍，代历年龄大些，嫌他太小，跟着累腿，不愿意带他玩。 他要赖，用哭闹吓唬代历，代历没法子，哄着他玩，又悄悄甩开。 朱德又凑到代凤跟前，代凤比他多吃两年饭，力气大点，弄得他啼哭抹眼泪。 朱德常常自己玩耍，撒尿和泥，糊得满头满脸都是泥巴，像个泥猴子。 他逮住一只蚂蚁，拨弄来拨弄去，把它玩得筋疲力尽，没了四只爪子，没了眼睛、胡须、嘴巴、脑袋……他玩累了，拣个地方倒下就睡。 醒来后，起身又玩，累了，倒下再睡。

穷人的孩子猪皮狗骨头，经得起折腾，他们不怕冻、不怕热，也不怕饿，头疼脑热是常事，挺一挺就过去了。 风里吹，雨里淋，泥里滚，尤其是冬天，裸露的两瓣小屁股被冻得发紫，可朱德竟然没事，更没有生过病。

朱德长得壮实，虎头虎脑，惹人喜爱。 大爸朱世连有事没事抱住朱德,他轻轻地拧朱德的耳朵,点着鼻尖,摸着头,逗乐说:"喊大爸。"

朱德甜甜地喊:"大爸。"

朱世连问:"大爸好不好?"

朱德说:"好。"

朱世连问:"跟大爸回家好吗?"

朱德说:"好。"

"狗娃真是个好娃。"朱世连疼爱地把脸紧紧贴在他嫩汪汪的脸上。

这情景,朱邦俊和潘氏看到了,心里发了涩,疼起大儿子。朱世连是个心地善良的诚实人,与很多人不一样,他很有些想法,只是平时不肯说话。他没有一儿半女,这让当父母的操心了,没有儿女终究不是个事情,不要说有个孩子绕在膝下热闹,家里不冷清,单说将来养儿防老,世连和刘氏老了后,靠谁养着?潘氏忧心地说:"世连老了的话,想喝口水都没人端了。"

朱邦俊说:"侄儿再多,也没有自己么儿靠心。"

潘氏说:"没看出吗,世连喜欢狗娃呀,把他过继到他门上做个么儿吧。"

朱邦俊说:"我看行,世连、世林亲兄弟,砸断骨头连着筋,狗娃过继给世连做么儿,外人看是两家人,关起门来是一家人。"

潘氏说:"钟氏好人性子,不会不高兴的。"

在朱世林、钟氏仓房里,朱邦俊对他俩说出把朱德过继给朱

三 母爱的春雨洒下来了

世连做儿子的想法，他俩二话没说，点头同意了。钟氏善解人意地说："狗娃是朱家的根，我和世林的幺儿就是他大爸的幺儿，我们一百个放心。"

朱德过继给了朱世连做儿子，但还是和朱世林、钟氏生活在一个屋檐下，在一个锅里搅勺子吃饭，睡在一个大仓房里。

五岁时，朱德能帮钟氏干点事了。他学着割草、拾柴，帮家里干些杂活。朱家附近没有井，要到山坡下去挑水。一天傍晚，忙了一天的钟氏腰酸背痛，再也没有力气去挑水。朱德看到了，忙说："妈，你歇着，我给你挑水。"

钟氏用拳头捶打着自己发酸的肩头，笑道："你还小，挑不动水。"

朱德说："我长大了，能挑水。"

"听话。"钟氏疲乏地说，"缸里还有水，今晚够做饭的，妈明天起早挑水。你帮妈抱柴火，来烧火吧。"

"哎。"朱德答应了母亲，到外面抱柴火，可心里还想着挑水，两眼瞄着水缸边的木桶。

吃了晚饭，累了一天的朱家人早早睡下了，偌大的院子里，除了回响着屋里睡觉人忽高忽低、一起一落的呼噜声，一片寂静。

朱德没有睡觉，背着家里人，趁着夜色，拎着一个小木桶，到山坡下去拎水。开始，他拎的桶里装满水，太重，走路时累巴巴，桶里的水晃荡着，朝外泼，将裤腿都打湿了。他小脑袋灵机一动，把桶里的水倒出一半，再拎着走，脚步也快了。

朱德的早年生活

第二天早上,钟氏摸黑起了床,抓起扁担、木桶,要去挑水,却发现缸里的水满了。她奇怪,是谁挑的水? 她以为是代历、代凤和秋香悄悄做的好事,就问他们,哪知,个个脑袋摇得像拨浪鼓,说不知道。 钟氏看见朱德的草鞋湿透了,才知道是他拎的水。 钟氏把朱德搂在怀里,激动地说:"狗娃子,你这样小,怎么拎动水的?"

朱德说:"一桶水我拎不动,拎的都是半桶水。"

钟氏说:"你这么儿,懂事了。"

朱德说:"我今晚还要拎水,帮妈拎很多水。"

钟氏对代历、代凤和秋香兄妹仨说:"狗娃子多懂事,这么小就体谅妈干活累,帮着拎水,你们要向弟弟学着点,帮着妈干点活。"

钟氏从来不打骂孩子,也不会打骂,她只会常给儿子、女儿唱山歌、讲故事。 下雨、下雪天里,大人小孩出不了门,孩子们就围在钟氏身边,嚷嚷讲故事。 钟氏肚子里有许多故事,朱德有时听得入迷,就想,要是能钻进母亲肚子里就好了,能天天听故事。 钟氏最会讲《孟姜女哭长城》《杨家将》《张飞守巴西》《保宁大战》《岳飞枪挑小梁王》。 朱德听《岳飞传》十几遍,还是嚷嚷母亲再讲,代凤想听新故事,不让母亲讲重复的故事。 钟氏就说:"狗娃子喜欢岳飞好,我喜欢讲岳飞。"

代凤噘起嘴唇,嘟哝说:"妈偏心眼。"

钟氏笑着说:"妈不是偏心眼,你们都是我生的,是妈心上的肉,我个个都喜欢。 我为啥子喜欢讲岳飞,因为岳飞的妈是

三 母爱的春雨洒下来了

天下的贤母，岳飞小时候家里非常穷，他妈用树枝在沙地上教他写字，还鼓励幺儿好好锻炼身体。岳飞勤奋好学，不但知道东西多，还练就了一身好武艺，成为文武双全的人才。"

钟氏神采飞扬地讲，岳飞可以"挽弓三百斤，弩八石，能左右射"。后来岳飞在与敌人作战时，杀了敌将黑风大王。后来，贼王善、曹成聚集兵马号称五十万，岳飞部下只有八百，手下士兵都十分害怕。这时岳飞却十分镇定地说："我给大家破了它。"然后左手拉着弓，右手拿着矛，冲击敌阵，结果王善部大乱，岳飞乘势大败敌军。

朱德听得憋气不出声，小拳头攥得紧紧的。当钟氏讲到北方的金兵攻打中原，岳飞的母亲鼓励儿子报效国家，并在他背上刺了"精忠报国"四个大字时，朱德"腾"地蹦起来，掉过身子，把背朝着母亲，喊道："妈，我要像岳飞一样，在我背上刺'精忠报国'。"

兄弟们笑了，取笑说："狗娃，你傻了，现在没有金兵攻打中原，你是在李家湾哩。"

钟氏说："狗娃子要做的没有错，如果国家危亡之际，就要精忠报国。"

朱德问："妈，什么叫国家？"

钟氏想了想说："听人说，我们脚下的土地就叫国家，国家很大，远处的山、远处的河全是国家的。"

朱德说："我们家也是国家的吗？"

钟氏点点头说："应该是的。"

钟氏给孩子们唱歌，一边的大人们都爱听。她唱高腔山歌，《月儿落西霞》：

"一写郎无义，花园把奴戏，戏妇上楼抽了梯，做事不在理。

二写郎不该，当初情何在，贤妹得病是你害，望郎你不来。

……

七写郎要走，必定外面有，柑子树上结石榴，那事没来头。

八写要鞋穿，不分昼夜赶，眼睛熬个亮圈圈，送郎心喜欢。

……"

她还唱《九唱爷娘情更长》，对父母的情感尽在歌中，字字含泪，声声道情：

"一唱爷娘苦情长，养育恩典儿难忘，十月怀胎多辛苦，满腔心血喂儿郎，身疲力竭面色黄。

二唱爷娘苦难当，苦菜落肚化乳浆，日食夜眠爱护理，肥了孩子瘦了娘，甘愿自家受寒凉。

……

四唱爷娘苦呛呛，最怕孩儿有病殃，有烧又冷好难

三　母爱的春雨洒下来了

过，求医煎药好惊慌，背上背下泪汪汪。

　　五唱爷娘挂虑长，儿会行走也提防，一怕同人打砣子，二怕玩水跌堰塘，一时唔见心发慌。

　　……"

　　朱家日子穷，常常感到粮食不够吃。幸亏潘氏会过日子，她根据家里人年龄大小的需要、活儿的轻重分配粮食。

　　多年习惯了，朱家的男人都是一起先吃饭，随后才捱到妇女和孩子。朱家一年到头吃的都是一个样，豌豆饭、菜饭、红薯饭、杂粮饭。钟氏有法子，把菜籽榨出的油放在饭里做调料。富人家看不起的粗糙饭食，她能做出好口味，让全家人吃得有滋有味。每顿饭，朱德和兄弟们都吃不饱，每每觉得肚子还饿，就被祖母潘氏叫着离开饭桌了。除了特别日子，朱家一般吃不上大米。

　　天下的穷人都是一样过活着。朱德家赶上半年才能缝上一些新衣服。衣服自己做的，钟氏亲手种棉、种麻，纺出的线，请人织成布，再从山上采来蓼蓝、板蓝根、艾蒿，捣烂后，放在缸里泡，变成蓝湛湛的颜色，把用清水浸泡过的布料放入染缸里，用温水煮着，热染，随后捞出晾干，再将布料放入染缸浸染，成了好看的蓝棉布。这种布有铜钱那么厚，一套衣服老大穿过，老二老三接着穿。

　　晚上，家里是用桐子榨油来点灯。一豆灯火，昏昏欲睡，只能照见人影，走路不被什么东西绊倒。

朱德的早年生活

在昏暗的油灯下，钟氏挑大灯芯，坐在小凳上，怀抱代炳喂奶，一边默默地一圈一圈地手摇纺车。她身向前俯，微微拔腰，双手引着线团。朱德坐在地上，仰着脑袋，一会眼睛盯着母亲，一会盯着转动的纺车，静静、惬意地听着纺车摇动发出嗡嗡的声音。棉条在钟氏的手中被拉长、拧实……看着、看着，朱德困了，眼皮睁不开，睡着了。

朱世林喜好吸点旱烟，喝了点酒，会说些酒话，有时问朱德："你是哪里人？"

朱德顺口答道："李家湾人。"

朱世林晃着一个手指头："不对，你是客家人，广东人。"

"我是客家人。"朱德自语道。平时，李家湾人喊朱德都是客家人。

朱世林说："你要说客家话，不能只会尖着耳朵听，说不来客家话。"

朱邦俊、潘氏不满朱世林吸烟、喝酒，常说他难堪的话，他却不听。朱世连也劝他少喝酒，朱世林更是不理睬。钟氏没埋怨丈夫，知道说了话，他也是当作过耳风，根本没有用。不过，她对朱世林有一个底线，那就是不允许孩子们染上一点。

有时，朱世林让朱德吸一口旱烟，用筷子蘸点酒送进他的嘴里，钟氏就会沉下脸，拿过酒盅，泼了酒。朱世林脾气暴躁，举起手来要动武，这时，全家人都会向着钟氏说话。朱世林理亏，耷拉下眼皮，放下手。

钟氏心里疼着朱世林。朱德和兄弟们都喜欢钓鱼，钟氏有

三 母爱的春雨洒下来了

时见朱世林想要喝点酒,会对朱德兄弟们吆喝一声:"你爸要喝点酒,没有下酒菜。"

"我去钓鱼。"朱德举起手来应了一声。

钟氏满意地说:"要快啊,妈等着鱼下锅了。"

"知道了。"朱德拿着一根钓鱼的小棍棒,赤着脚跑出门。用不了多少工夫,他拎着几条鲫鱼,嬉笑着回到家。

朱世林见了活蹦乱跳的鲫鱼,又大又肥,乐滋滋地用手摸摸朱德的头,夸赞说:"狗娃子厉害,人虽小,钓的鱼可比代历、代凤的都要大。"

朱德最巴望过春节了,能吃上一顿猪肉什么的。有一年,要过春节了,朱德和邻居小孩在一起玩,每人说一个春节里最想吃的东西。朱德说,最想吃猪肉。按习惯,大年初一该吃猪肉了,这一天晌午,朱德早早守在门口,等待吃猪肉这激动人心的时刻,结果让他失望了,不要说吃到冒着油的红烧猪肉,就连红烧猪肉的香味都没有闻到。钟氏见了,心里发酸,对朱世林含着泪水说:"都怨我,大新年没让孩子吃上一顿猪肉……"

四川出盐,价钱却很贵,穷人只能偶尔买一些。盐分三种,有钱人买白色的精盐,中等家境人家买菜色的,朱德家这样穷人,只能买又脏又黑的盐巴,这盐巴宝贵得很,钟氏舍不得放在菜里,大家吃煮熟的青菜时,把菜夹在盐汤里过过水,或是摆一块盐巴在碗里,放在桌子中央,吃青菜时,放在盐巴上擦一擦。

孩子们的嘴巴锁不住。朱家小孩子吃饭弄得嘴上油汪汪，放出亮光来。邻人问，你家吃了啥子好东西，嘴上都是油？他们对外人神气活现地说，妈做的好吃菜。邻人感到蹊跷，钟氏是啥子神手，能把青菜、杂粮做出油来，成了"山珍海味"呢？他们偶尔到了朱家，看看，尝尝，对钟氏煮饭炒菜的手艺，竖起大拇指，啧啧称奇。朱家人眉开眼笑，刘氏对着朱世林说："亏你好命，找到钟氏这样的好媳妇。"

朱世林得意地说："她命好，才进了咱朱家门。"

刘氏笑了："看你自在的，蹬鼻子就上脸了……"

四　辛苦是庄稼人本色

朱邦俊六十几岁了，还要下田干活。九岁的代历常常跟着祖父朱邦俊、父亲朱世林下田干活，秋香也会帮着父亲干农活，帮着母亲忙家务。

五岁的朱德也上山砍柴、割草，还闹了二哥代凤一个大笑话。

这天，钟氏抱柴火烧饭，随口说了句："柴火快没了。"

朱德听见了，站到母亲面前，脆崩崩地说："妈，明天我和二哥上山拣柴火。"

钟氏说："你还没有柴火高，能拣啥子嘛。"

朱德心气高，挺着肚子说："二哥能拣，我就能拣。"

代凤见朱德缠着嚷着要跟去砍柴、割草，看不起地说："狗娃子，你才多大点人，爬山都不行，拣啥子嘛？"

代凤拿着砍刀、绳子，撒开脚丫子就跑，想要甩掉朱德。朱德边追边伤心地哭喊："坏二哥，我就要跟你去——"

钟氏望着代凤的背影，大声地喊："马娃子，带上弟弟，不要惹他哭——"

朱德手勤脚快，用手拣的柴火比代凤用刀砍下的柴火还要多。他俩背着五花大绑的柴火回到家，朱世林接过柴火，掂量一下，对代凤说："狗娃子的柴火是自己拣的？"

代凤回答说："是他拣的啊。"

朱世林笑道："你当哥哥拣的柴火怎么不如弟弟多？"

代凤说："狗娃子拣得快嘛。"

朱世林拿过一把砍刀，交给朱德说："狗娃子，你还真行，爸送你砍刀。"

几家邻人小孩都跟着朱德上山砍柴火。每次，朱德背回家的柴火最多。

一天，秋天的下午，朱德背着柴火回到家中，嫌身上热得淌汗，要脱下蓝棉布衣服时，发现棉衣不在身上，这才想起丢在山上了。他没敢吭声，怕父亲知道后发脾气。

没有人看到，朱德独自出了家门，上山找衣服。

秋天太阳落山快，很快，李家湾蒙在一层淡淡的黑纱中，人家的烟囱里吐出了一缕缕乳白色的炊烟。

朱家吃饭时，不见了朱德，钟氏到处喊叫，也不见人影。

山里黑得早。树林里黑乎乎的，看什么都是模模糊糊，寂静得让人心里发悸。朱德在树林里奔跑，眼睛依稀能看出弯曲、高低、坑洼的小道，上面覆满干枯的树叶，两脚踩上去软软的，像地毯。树枝打在朱德腿上、屁股上，"啪啪"地响，像有人从后面追赶、拍打着。他顾不得这些，心里想着棉衣，只顾

四 辛苦是庄稼人本色

朝前跑。眼前出现一片坟地，他往日走过这里，心里嘀嘀咕咕有些害怕，生怕坟地里冒出个什么，掐住自己，总是蹑手蹑脚地绕过去。现在，他竟不怕了，两脚踩着坟边跑过去。他跑得快，头上蒸腾着浓浓的热汗气，像罩着一顶闷闷的棉帽子。

功夫不负辛苦人。朱德可算找到了棉衣，他紧紧抱着棉衣，好像生怕它飞了一样。

他朝家里跑，眼前老是浮现母亲在灯下熬夜纺线：母亲热得汗如雨下，汗水湿透了衣服。母亲让他拿来一块浸过水的凉毛巾擦汗，顶在头上解暑。蚊子嗡嗡鸣叫，是那种个头很大的蚊子，围着母亲和朱德转圈子，咬一口很疼很疼的，还很痒很痒。朱德用手不停地拍打、驱赶蚊子。他也会拍打死一只蚊子，把小手张开放在母亲脸前，骄傲地说："我打死的蚊子。"母亲看一眼朱德小手中被打死的沾着血的蚊子，笑一下说："狗娃子真行。"母亲停下纺线，用手揩了朱德手中的蚊子，又纺线。

年少的朱德想着母亲，想着手中的棉衣是母亲摇着纺车织出来的，心里发热，泪水流淌了出来。

小路下，深深的涧沟里浮着凉气。朱德想起了人常说的拦路抢劫钱财的强盗，想起了狐狸、獾子什么，心里不安地敲起小鼓。但他很有些小智慧，小小的年纪，机智地跳开小路，钻进旁边的树林里，靠着小路跑着。跑啊跑啊，他一直跑进家门，身上的衣服被淋漓的汗水泡透了，透出了凉气。

家里人听说朱德是到山上找衣服，都倒吸一口凉气。这孩子也太大胆了，黑夜里上山，不要说是孩子，就是大人也怕啊。

朱德的早年生活

可他，小小的年纪，从黑夜的山里走了回来，简直不像是一个五岁的孩子做的事情。

朱世林心里窝火，要教训朱德，攥住他胳膊，抡着巴掌要打他。潘氏挡住了，不让打，孙子们是她的心头肉，含在嘴里都怕化了，岂容大人们随便地打？她对着朱世林发脾气："狗娃子这么小，懂啥子嘛？告诉你，我的孙子不许你动一个手指头。"

朱世连帮腔说："是的，管孩子不能靠打，要慢慢说给他听嘛。"

潘氏把朱德拉到身边，抚摸着头说："乖孙子，不要怕，有婆婆在，谁也不敢打你。肚子饿了吧，走，吃饭。"

吃了饭，朱德被钟氏拉到灯下，从上到下仔仔细细打量一遍，见他脸上被树枝划得一道一道的红，脚踝上被荆棘刺得冒出了血。她用破布擦着朱德脸上的伤处，心疼地说："狗娃子，今后不要晚上上山，让爹爹①、婆婆多担惊受怕啊。"

朱德梗着脖子说："我不怕。"

第二天早上，天气够热的，邻居家的大黑狗无力地趴在地上，尾巴都懒得晃动一下，树上的知了不停地喊"热"。

钟氏对朱德说："我去田里，你也去帮妈干活吧。"

朱德跟着钟氏朝田里跑。

稻花开了，空气里荡漾着微甜的稻花香。钟氏要下田薅草，先给自己卷起裤脚，随后又帮朱德卷起裤脚，搀着他小心走

---

① 方言，爷爷、祖父的意思。

四　辛苦是庄稼人本色

进田里。水田里有点冷，扎脚。钟氏在泥水中走路轻松自如。朱德两脚陷在泥水里，拔出来时显得吃力，身子摇晃着要跌倒，幸亏钟氏及时扶住了。钟氏笑着告诉说："脚尖朝下踩进泥里，抬脚时脚尖也要朝下，省力又稳当。"

朱德薅了几撮草，钟氏夸奖说："狗娃会薅草了，真行啊。"

"妈，"朱德被夸赞得又薅了一把草，兴致勃勃地说，"你歇歇吧，让我来干。"

钟氏说："狗娃，我们看谁薅的草多，好吗？"

"好。"朱德高兴极了。

钟氏薅草又快又干净。

朱德的一个手指被青草割破了，鲜血直流，他惊慌地喊了一声："我手破了。"

钟氏跑过来，拿过朱德被割破的手指头，放进嘴里，轻轻地吮吸，把流出来的血全都咽了。她拉着朱德的手，一脚深一脚浅走出田里，坐在田边上一棵树的树阴下。钟氏抓一把泥土捂着朱德伤口，安慰说："还疼吗？"

朱德摇摇头："不疼。"

钟氏说："不碍事，一会好了。"

朱德身上溅满泥水，钟氏撩开贴在额头的几绺黑发，说："狗娃子会干活了，弄了这一身泥。"

微风吹过，碧绿的稻叶纷纷摇晃着，就像一只只飞着的翠绿的鸟，贴着大地，向远处飞去。

钟氏给朱德讲稻叶的厉害，说像锋利的锯，手不小心会被割开,汗水一腌,钻心地疼。 她接着问:"狗娃子,头上的汗珠流到眼睛里,你用什么擦?"

朱德抬起手说:"用手擦。"

钟氏说:"手上有汗,擦了会腌眼,要用衣袖来擦干。"

朱德身心内外弥漫上了丝丝怡神的凉意。

钟氏不停地说着农田里的活怎样做,讲水稻几月插秧、扬花、收割,田里的草什么时候最好拔。 朱德问:"什么时候的草最好拔?"

钟氏说:"当然是早上,太阳出来就会很热啊。"

钟氏告诉朱德,稻田里蚂蟥好叮人腿,不要怕,不要拽它,用手在边上拍一拍就会掉下来。 钟氏交代说,插秧的时候,看到大泥鳅别乱抓,有可能是蛇。 她说得很细,生怕朱德忘了。 她说,插秧之后就是种苞米,两粒一个窝。 放在捏好的泥团子里面。 团子是大粪和泥土捏的,粪土团子一半是干了的粪块或草木灰。 她还说怎样间苞米的苗,苞米苗长得密,有时候距离大,有时候距离小,如果不间苗,苞米会长得很小。

钟氏把肚子里知道的事苦口婆心地讲出来,盼望着儿子知道这片土地上所有的事情,盼望着他知道的比自己更多,将来无论是种地,还是走出去干什么,都能比别人有本事,干一番大事情。

朱德衣服上的斑斑泥水被晾干了,钟氏用手一点点揉搓掉泥巴,感叹说:"庄稼人,辛苦才是本色。"

有母亲的地方,就有温暖的花儿开放。

四 辛苦是庄稼人本色

朱德的眼中，在这个世界上没有母亲不懂的事情。他问钟氏什么，她就答什么。

朱德想起家里的几只鸡，就问："妈，奇怪，我家里的母鸡会下蛋，公鸡怎么不会下蛋？"

钟氏会心地一笑，慢慢地说："公鸡和母鸡长得不一样，你看到公鸡，它有一个红红的大大的鸡冠子，母鸡的鸡冠就小多了，母鸡肚子里长着会下蛋的东西，公鸡没长，它就不能像母鸡那样生出鸡蛋。"

朱德又想起山上的竹子，问道："竹子为啥子是一节一节的？"

钟氏想了想，拔了一根小草，说："这是啥子嘛？"

朱德接过小草，笑了："是青草嘛。"

钟氏说："不要看竹子长得很高大，也是草。凡是草都长有节，竹子是一节一节的，节与节之间有实心的结，在结的地方才能长出枝和叶。"

朱德又问："树为啥子有皮？"

钟氏说："人要脸树要皮。树皮像一层衣服，保护着树。树要喝水吃饭，是靠树皮来送的，没了树皮，树就会死掉。"

朱德想到什么问什么，他问："妈，你怎么每天能起那样的早？"

钟氏说："一年之计在于春，一日之计在于寅，一家之计在于和，一生之计在于勤。要做的事情实在是太多，不抓紧做怎么行？"

有时，朱德问的事情，让母亲一时答不出来，觉得不像是五岁孩子问的话，她只能用吃惊、怀疑的眼睛望着他。朱德记事早，知道婆婆到地主丁阎王家缴满年租，带着自己的父亲和大爸、三爸、四爸，担着刚收下的一大半稻米，还有鸡蛋、鸡、整头猪的肉送到丁家院内；过年过节，地主小老婆生孩子，办喜宴，丁阎王不问佃农家地里的活忙不忙，吆喝男人去帮工，还要送上礼品，母亲和养母刘氏也被叫去帮厨；丁阎王向佃农摊派出工，夏天里，丁家大人小孩到山上别墅避暑，指派佃农放下一切活计，送他们，还没有报酬。

朱德摇着钟氏的胳膊问："丁家人不下田，不下地，吃得好，穿得好，我们家天天下地、下田，却吃不饱，这是为啥子嘛？"

钟氏用模棱两可、含含糊糊的口吻说："狗娃子，你长大了，就会知道的。"

朱德不退让："我现在想知道。"

钟氏憋了一阵子，叹气说："我们穷呗……"

小小的朱德静静地谛听母亲的话，眼中闪动着疑惑，不过，这话像露珠滴落到泥土上，流进了心田，滋润着一颗饥渴、成长的心。

朱德为自己能分担母亲的劳累，心中泛起一种小男子汉的豪壮感。

四 辛苦是庄稼人本色

五　抠出来的读书"洞"

在家里，朱邦俊的一句话落到地上能砸出个窝儿。

晚饭后，朱邦俊把几个儿子留下来，商量一件大事情，要把代历、代凤和朱德送去上私塾。

这是一八九二年，朱德六岁。

桐油灯如豆粒大的昏黄火苗摇晃着，朦胧的灯光，晃动在朱邦俊的苍老、爬满皱纹的脸上。朱世连、朱世林、朱世和、朱世禄四兄弟并排靠墙坐着、蹲着。灯光离朱邦俊的几个儿子远一点，朱邦俊看他们只是黑乎乎的影子。

朱邦俊开口说话了："先辈朱文先为了找条活路，从广东韶关拖家带口，来到四川马鞍场大湾落户，到我这一辈是第五代，到世字辈是第六代，现在到代字辈是整整第七代。我朱家祖祖辈辈给地主扛活、租种地过日子，后来好不容易才买下一小块地，盖了三间小房，又为穷得没法子，全都典当出去。到我这一辈子，还租的是丁家的房子、丁家的地……"

仓房里弥漫着一股桐油味。朱世林掏出短杆烟袋，不紧不慢吸着，眼睛盯着桌上桐油灯一根灯芯闪亮着微弱的光，那光，像瞌睡人的眼。朱世连嫌朱世林吐出的烟雾呛人，用手驱了驱烟雾。朱世和对朱世林瞅了一眼，说："二哥，少抽点，呛死人。"

朱邦俊眼睛睃了下朱世林，欠下身，用一根柴棒拨了拨灯芯，火苗跳了跳，亮多了。

仓房里的人心里仿佛温暖多了。

朱邦俊继续说："我常常晚上睡不着，会想着，我们家祖辈几代干啥这样穷，穷得都直不起腰来。想来想去，就是没有读书人，不识字，受人欺负。我想，到我孙子这一辈子，一定不能再这样穷下去，要送他们上私塾，将来有个功名，能直着腰杆说硬气话，光宗耀祖。"

办个不大酒作坊的朱世和直着嗓子眼说："我们朱家早该有读书人，将来有了功名，免除徭役，见官不跪，丁家人跪下来叩头喊青天大爹爹！我先说一声，掏不出大钱，小钱还是有的。"

朱世连点头说："好，送去读书，家里再穷，也不能穷小孩读书。"

朱世林说："哪怕考个秀才，当私塾先生，门庭光耀着哩。"

桐油灯的火苗，就像孩子们如饥似渴的眼睛一样，盯着孩子的长辈们。

仓房里十分温馨与祥和，每个人有说不出的兴奋。

朱邦俊心里是一片美好的未来，盘算说："我算了一下，马鞍场附近有五家塾馆，本姓家族办的药铺垭塾馆、丁家塾馆、席

五 抠出来的读书"洞"

家砭塾馆教得好,你们兄弟看去哪家呢?"

依照习惯,朱世连先表态:"我看到药铺垭塾馆合算,不用花很多钱,一年四百个铜钱。"

朱世林第二个说话:"药铺垭塾馆离家不远,白天去读书,晚上回来,中午回家吃饭。"

朱世和只是说了四个字:"我都赞成。"

朱世禄望了望朱邦俊,欠欠屁股,说:"我也赞成。"

朱邦俊发话了:"那就这样,到药铺垭塾馆,本家人塾馆读书方便,遇到事情好商量,对小孩也有个照应。"

要上私塾读书了,代历、代凤和朱德连续兴奋了几天,白天到什么地干活都对人喜庆地说:"我要到药铺垭塾馆读书了。"李家湾大人小孩都知道朱家这件大喜事,马鞍场几乎就没有人不知道的。

钟氏忙完一天的事情,晚上给朱德他们洗浆、缝补衣服,打着新草鞋,要让孩子们穿得整整齐齐去上私塾。她坐在小凳上,腿上盖块破布,用山上割来的藤条给三个儿子编书篮。坚韧、柔软的藤条在她怀里翻飞,她几乎不用看着手指尖,藤条听话地穿来穿去,转着圈子,成了篮底,又成了篮沿。她把小巧、结实、美观的书篮放到朱德手中,朱德脸上乐开了花。

钟氏眼中闪耀着鲜亮的神采,说:"狗娃子,你是读书人啦!"

入学的一天,天上的星星还一闪一闪眨巴着眼,朱邦俊就睡不着,起了床,吆喝全家人起来:"还不起来啊,送娃子上学。"

全家人纷纷起了床,各忙各的事。钟氏一人干三人的活。朱世林掏出烟袋,想抽口烟,朱邦俊说了句:"还有闲工夫抽这个啊。"

三个上学孩子早早吃了饭,穿着满是补丁却干净和整齐的衣服,挎着书篮,后脑勺上的短辫子梳洗得光滑亮堂,站在朱邦俊面前。朱邦俊挺了挺从来没有这样硬实的腰板,用喜乐的眼光看了看三个孙子,谆谆告诫说:"要听先生的话,不许有二话。古人有句话,一日为师,终身为父。今后,要把先生当作你们的爸一样尊重……"

"知道了,我们听先生的话,好好地读书。"三个孙子答应着祖父,随着朱世连出了家门。全家老小好像他们出远门,依依不舍,一直送到村口……

药铺垭私塾在琳琅山垭口的乡村小路旁,这里是马鞍场到仪陇县城的必经乡间干道。

药铺垭私塾是朱德的远房堂叔朱世秦办的,一座土墙木椽三间矮瓦屋,坐东向西,呈横"T"字形。他一面教书,一面行医,用旁边的偏房开了一个小小的中药铺,塾馆只是右边的一间,房屋前墙有两扇木栅栏窗户,十分拙朴。

一见面,朱世秦摸了摸朱德的小脑袋,说:"你叫狗娃子?"

"是呀,我叫狗娃子。"朱德怕堂叔不认识,朝他面前靠了靠。

"娃子大了,要有个学名。"朱世秦望着朱世连说。

朱世连说:"堂兄,你给起一个吧。"

五 抠出来的读书"洞"

朱世秦说:"按照我们朱家族谱中的辈分二十八字的韵文,'发福万海崇仕克,有尚文成荣朝邦。世代书香庆永锡,贻谋继述耀前章'排列,狗娃是代字一辈,就叫代珍吧,是珍惜读书的意思。"

"好、好。"朱世连感激地想握住朱世秦的手,又怕自己手脏,使劲地搓揉两手,喜出望外说,"当先生的起名字就是不一样。"

"我叫朱代珍。"朱德把自己的姓名告诉了塾馆里读书的每一个孩子,成了一种高贵的炫耀。

朱代珍成了朱德的原名。

在药铺垭私塾读书的全都是农家孩子。

药铺垭私塾里的学生就数朱德年龄最小。起初,在家玩惯了的朱德坐不住,先生在上面讲课,他就在下面乱动身子,两眼对什么东西都有点好奇,不是望望这个同学,就是瞅瞅那个同学。有时,他用手支着头,望着窗外发呆,心早远走高飞。他还会偷偷摸摸找代历讲话,代历朝他摇摇头,他还是乱说话。朱世秦点了朱德的名,让抄写《三字经》,他写错了字,遭了罚站。家里人知道后,狠狠地说了朱德一顿。钟氏对朱德说:"全家人勒紧腰带,省钱给你上塾馆,读书才能将来不受人欺负、有好日子过,才能出人头地。你不好好读书,能对得起谁?爹爹婆婆这么大年纪还下地干活,为的都是你们……"

钟氏眼角不由得挂下一串清清的泪珠。

朱德懂事地用手抹去母亲的泪珠,说:"妈,不要哭嘛,我好好读书。"

一夜之间，朱德像换了人似的，上课专心听课，喜欢上了《三字经》《弟子规》《千字文》……在一遍遍的记诵中，圣贤之言像春雨，一点一滴，全都装进脑子。

他把《三字经》中的几句话"人之初，性本善。性相近，习相远。苟不教，性乃迁。教之道，贵以专"，朗朗而读，喁喁而诵。

读到孔融让梨的故事，朱德和代历、代凤都开心地乐了。孔融的父亲拿着几个梨，让孔融选一个，孔融选了一个最小的梨，父亲问他为什么要小梨子。他说我年纪最小，应该吃小的，大的就让给哥哥吧！

平时，朱德做的几乎就和孔融一样，把大的好的东西总是让给哥哥、姐姐。

在私塾门口，代历、代凤搂着朱德，嬉闹地喊道："代珍是孔融！代珍是孔融！"

朱德聪明好学，记得的字最多，先生提出的问题，他举手报告解答的最多。朱德读完了《大学》《中庸》《论语》，还读了《孟子》的一部分。

在课堂上，朱世秦喜欢提问朱德，朱德不仅一口气背出文字，还能解释出不一样的意思。朱世秦让他解释"子不学，非所宜，幼不学，老何为"。朱德认认真真、一字一句地说："小时候不好好学习是不应该的，那样老的时候就不会有所作为。"

朱世秦又让朱德说说"玉不琢，不成器。人不学，不知

五　抠出来的读书"洞"

义"。朱德说:"玉不经过雕刻就不能成为有用的器皿。人如果不学习,就不会知道做人的道理。"

有一件小事,让朱世秦对朱德疼爱不止。一天,朱世秦带着学生们诵读古书,读得口干舌燥。朱德不声不响端来一杯温茶,放到先生面前。朱世秦笑着问朱德:"你怎么会给先生端来茶水呢?"

朱德说:"先生,书中讲'香九龄,能温席',黄香九岁的时候,就已经很懂事了。每当炎炎夏日到来的时候,就给父母搭蚊帐,让枕头和席子清凉爽快,把蚊子赶走,让父母睡个好觉;到了寒冷的冬天,他就先钻进被窝里,把被子暖热,让父母睡得温暖。一日为师,终身为父。先生读书口干,学生就该端茶。"

朱世秦感动地连连说:"好,好,代珍茶香。"

爱上了读书,爱上了先生,朱德也爱上了私塾。他把药铺垭私塾当成了家。他回到家中,告诉祖父,说私塾前面大路左边空空荡荡,不像别的地方有竹有树的。祖父点点头,乐呵呵地说:"说得好,那你要栽上竹子。"祖父从家里带上竹子,到私塾前面大路左边栽了一丛毛竹,朱德忙着给新栽上的竹子浇水。

从药铺垭私塾回家大约三里路。

放学的路上,茂盛的草丛里蹦跳着很多蚂蚱,朱德和代历、代凤边走边扑蚂蚱。他们还比赛砸石板牌,在前面竖立一块不大的石头板,隔着远远的,拿石头砸去,砸倒了石头板算赢。朱德一砸一个准,兄长们都赢不了他。在堰塘边,兄弟们还比贴着水面朝远处扔石头，看谁的石头"漂漂"得多、"漂漂"得远，朱德的石头贴着水面朝前一连串蹦跳，带起一路水花。代历、代凤不行，扔出的石头，蹦跳两下，沉了。

到了家里，朱德丢下书篮，牵着一条温顺的黄牛，带着一条乱蹦乱跳的小牛，去放牛、割猪草，还读书。

邻居的孩子招呼朱德去玩耍，他摆手说："我书没有读完，怎能放下心去玩呢？"

邻居孩子说："事情让大人来做，书过一会再来读嘛。"

朱德摇摇头，给他们一本正经地讲了《三字经》中的故事：有一回，孟子偷懒不学习，孟母就当着他的面划断了正在织的一匹布，说："学到一半就停下，和这块织了一半就断开的布有什么区别，还有什么用！"孟子听后，再也不偷懒了。

晚上，家里人睡觉了，朱德还在读书。桐油灯挂在墙头上，灯芯是棉线的，他怕灯芯太大，耗多了油，把灯芯拨得低低、小小的，闪出黄黄的、弱弱的光。朱德读书常入了神，很少起身来拨灯芯或往灯盏去添加桐油，还几次头发被火苗燎煳了。钟氏会不时走来，见朱德眼睛几乎伏在书本上，用心读书，就把灯芯拨大些，给灯盏里添加桐油。她会轻声说道："代珍，早点睡，明天还要早起呢。"

母亲的话，在幼小的心灵里翻起迟迟不散的温暖浪花。

朱德总会想着晚上读书要耗油，心里不安。《三字经》中勤学的故事不停地在他心中盘旋：晋代，一个名叫车胤的孩子，他家中贫苦，没钱买灯油，又想晚上读书，于是在夏天的晚上，抓一把萤火虫装在白布袋子里面，靠着微弱的灯光读书；还有一个叫孙康的孩子，在冬天的夜里，利用雪映出的光亮看书。古人能"囊萤映雪"，我为什么不能想出个能读书又能省油的好办法呢？

古人的故事像桐油灯，点亮了朱德的眼睛。

在朱德读书的房间里，有一个小小的透光的洞，朱德嫌小，光亮不够，又抠了抠，抠出一个一尺见方的稍大点的洞，让外面的光亮照进来，借着读书。

钟氏第一个发现了朱德抠出来的"大洞"，叫来全家人围看。钟氏对代历、代凤说："看看你小弟是怎样读书的。"

代历、代凤被感动了，低下眼说："我们读书不如代珍下的功夫大。"

钟氏把朱德被火苗燎煳的头发让家里人看，说："家里再穷也不能穷了孩子读书的灯油。"

一年，像一片树叶，说话间就飘了过去。

到了年底，朱世连几次来到药铺垭私塾，看看、听听孩子读的书怎么样。在私塾门口，他遇到别的孩子父亲，他们不满意朱世秦教书，说孩子只是跟着先生一遍遍复读早已熟背的经文，像唱歌一样，也不了解意思。他们说，朱世秦教书不太行。朱世连起了疑心，也不放心，悄悄地瞧了瞧，见朱世秦只是教孩子写对联，都是常见的对联，没有新名堂，把学的《论语》中的词句当内容，像什么"四海之内皆兄弟也，君子何患乎无兄弟也？""仕而优则学，学而优则仕"。他嘴里念念有词，让孩子背书、认字，写字都有问题。

　　朱邦俊信了朱世连的话，下了狠心，把在药铺垭私塾读了一年书的三个孙子"摘"了下来，要换一家私塾。朱德不知究竟，闹着说，为啥不让我上药铺垭塾馆读书。刚刚七岁的他哪里知道，今天停下的脚步，是为了明天跋涉更远的路……

六　不是穷人孩子读书的地方

朱世连对父亲说,想把朱德他们转到丁家私塾读书。

朱邦俊没有多考虑,一口应道:"好,你去办这事。"

哪知,朱世林咬死口不赞成,说丁家是"丁阎王",眼里只认有钱人,不是穷人孩子读书的地方。"我们是丁家的佃户,租佃他家田地和房子,他能看上我家孩子上他的私塾?"

朱世连耐住性子说:"你说的都对,做大哥的全懂得,可你晓得我为啥子要这样?"

朱世林眼睛盯住朱世连的脸,好像要盯出他肚子里的想法。

朱世连说:"凭钱上学怕啥子,他是只认钱不认人嘛。我们硬着头皮送么儿上塾馆,因为丁家塾馆先生是一个秀才,课讲得比药铺垭塾馆要好得多,能使么儿学到东西。还有一点,我们家里都不会算账,丁家塾馆珠算教得好,我们家太需要了。"

朱邦俊帮助朱世连说话:"世连说得在理,听他的。丁家再难进的门槛,我的孙子也要进去,花了这么多的钱,就要跟最好的先生读书。"

朱世林苦笑了笑。

丁家私塾在琳琅山南面轿顶山下。

丁家是个大户，有田地二千五百多亩，山林七千多亩，常年佃户五百多家，年雇长、短工四十多人，丫鬟、保姆、用人齐全，年平均收租谷一千三百多担，收佃钱一千多吊。家中还开办煮酒、制糖作坊和织布庄，在马鞍场设有钱庄。

朱世连一双宽厚的手叩响了丁家大门上的铁环。

地主丁阎王给了面子，接待了老佃户朱世连。他坐在一把雕花的椅子上，嘴里含着抽得"咕咚咚"响的水烟袋，拿眼睛斜乜站着的朱世连，拖着腔调说："塾馆学生太多，没有位置了，你到别的塾馆看看吧。"

朱世连明白，丁阎王是看不起自己这个穷佃户。他心脏像被人捏着一样，发紧、难受，不想再低三下四求他开恩，可想到了幺儿，忍着气，强作欢颜，说："丁老爹，你们家的塾师书教得好，收下我的幺儿呗。"

"你家幺儿不是在药铺垭塾馆读书吗？"丁阎王对朱德家的事情了如指掌。

朱世连低眉顺眼说："不上了，只想求你抬抬手，到你家这儿来。"

丁阎王低下眉毛，故作犯难说："这怎么办？"

朱世连真怕丁阎王不答应，连忙跪下："丁老爹，我给你跪下了……"

六 不是穷人孩子读书的地方

"这成什么了。"丁阎王抬起眉毛,放下水烟袋,装出笑脸,像做慈善事似的说,"好吧,我想法子帮帮你。"

朱世连这边骂着他是鼻子插大葱——装象,那边磕着头说:"谢谢丁老爹了。"

丁阎王说:"丑话说在前头,上我的塾馆费用要高些啊。"

朱世连爬起来,说:"知道的。"

丁阎王说:"记住今年年号,清光绪十九年,朱邦俊孙子朱代珍等入丁家塾馆读书,我丁某人并不像外面那些人说的那样,不怜惜佃户嘛。"

二哥代凤和朱德来丁家私塾上课了,还是朱世连带着来的。

大哥代历没来,他稍大些,能帮助家里干些农活了。朱德懂事,如果兄弟三人都上私塾,家里是实在供不起。

丁家私塾有三十六个学生,几乎都是有钱人,他们穿的崭新长袍,有棉布的、葛布的、夏布的,还有丝绸的,戴的圆帽子、穿的靴子,有的都是皮做的。

朱德和二哥代凤各缴费二百钱,每天只能上半天的课。

有钱家的孩子看不起朱德和代凤,不要说在一块儿说话了,就是进私塾的门也不愿同他俩一起进。他们都用看怪物的眼神看朱德和代凤,常会对他俩搞恶作剧,在门上偷偷放上畚箕、扫帚,朱德推门进来,上面的东西全都砸到他头上、怀里,他们坐在桌位上鼓掌大笑。更令人气愤的是,他们拽住朱德、代凤的辫子,一条声地喊"两条水牛";当着先生的面奚落着说:"先生讲课,他俩能听懂吗? 纯粹是对牛弹琴、瞎子点灯——白费

朱德的早年生活

蜡!"在一张纸条上,把"朱"写成"猪",把"朱代珍""朱代凤"写成了"猪代珍""猪代凤",贴在朱德、代凤的背后。

先生给学生分配座位,有钱家的孩子嫌朱德、代凤身上脏、有穷酸味,躲闪着朱德、代凤,他们嘟着嘴,两个手指头捏着鼻孔,嚷嚷着不和"朱"同桌位。先生也看不起"朱",板着一张脸,指着课堂的最后一张桌位,不容违拗地说:"朱代珍、朱代凤,你俩坐一起,就坐那里。"

代凤胆小,扯了下朱德衣襟,要朝那桌位走过去。朱德拨开代凤的手,对先生平静说:"我个子矮,在后面看不到前面。"

先生说:"安排完了,就这样坐吧。"

课堂上响起一阵很坏的笑声。

朱代凤羞惭,脸上发烧,低下头。

朱德朝课堂上望了望,傲气地说:"这有什么可笑的?"

课堂上有人说:"小'猪'人小,嘴硬啊!"

先生把朱德拉到门口罚站,训斥说:"好好站着,长长记性,没有规矩,不成方圆!"

在丁家私塾里,朱德心情不好,看不到了心中那些自在地翩翩起舞的蝴蝶,听不到了那些自由的小鸟快活地吟唱。他没有了笑声。

放学,走出私塾的门,朱德、朱代凤张开大嘴,吐口长气,像把在课堂上所忍受的、伤害着自尊心的脏气、废气、窝囊气通通喷发出来。路上,他俩浑身轻松,像插了翅膀,撒开两腿,你追我赶,朝家飞奔。

六 不是穷人孩子读书的地方

在家里，朱代凤把在私塾里所受的欺负一五一十告诉家里人，他灰心丧气地说："我不想到丁家塾馆读书了，帮助家里干活吧。"

朱邦俊说："你大爸帮助你们上这塾馆容易吗？ 他们有钱有势在人前显摆，我们不理会，读自己的书。"

朱德昂着头，说："我不怕。 他们看不起我，我还看不上他们，和他们比读书嘛。"

朱世连说："代珍好样的，不要常想它，如果还是想，耽误读书。 让自己忙起来，没有空闲去想它，用心读书。"

钟氏怕代凤带着朱德不去丁家塾馆，趁他俩下午不上课，带着他们下田干活、说说话。 她给田里撒粪，朱德、代凤在一边放牛。 钟氏干活又快又好。 歇脚时，钟氏把两个儿子喊过来，说："么儿呀，咱家受丁家一辈子欺负，爹爹婆婆、爸妈、大爸、三爸不都是忍着吗？ 不忍着咋办？ 田是人家的，住的房子也是人家的，要活着，全家人不能逃荒要饭吧？ 家里人送你俩上塾馆，富人家小孩看不起，怕什么，吃不了我们，要忍着点。 人穷不怕，只怕没了骨气。 有骨气就要好好读书，日后有了功名，就不穷了，不受丁家人的罪了。 么儿呀，老天爷看着呢……"

朱德闭着嘴唇，默默听着，脸上的汗水像一条条长长的虫子朝下爬着。

钟氏撩起衣襟在朱德、代凤脸上草草地抹了抹汗水。 她想，只要活着，日子就有希望……

钟氏没有像乡村一般妇女，穷困的煎熬没有让她向生活低头，向命运屈服，骨子里涌动着抗争的想法和美好的希望。她把日后享受好光景的希望寄托在了孩子身上。

看着朱德、代凤，她像守望着土地、沟塘、庄稼，心里踏实、安然。

成长，就是含泪奔跑。

朱德在李家湾与丁家私塾之间的小路上奔跑，阅读《诗经》《古文观止》和《书经》，品味人生旅途的甘苦。

一篇文章，让丁家私塾先生眼睛一亮，对朱德有了好感。

先生给学生们出了一道题目："人不知而不愠，不亦君子乎？"这句话出自《论语·学而》，意思是，别人对我不了解、不理解，我并不生气；与不明智的人相处，我也不烦恼。能做这样的人，不就是君子吗？有钱人的孩子看着作文题目，犯头疼，捏着毛笔，抓耳挠腮，不知如何下笔。

朱德看一眼题目，眼睛发亮，他埋下头，手中的毛笔在纸上不停地移动，如同纸上打拳、笔走龙蛇。先生看看朱德写的文章，轻轻点了点头，眼里放出光彩，喜不自禁地说："心清如水呀，是篇好文章，文采飞扬，真情毕现，思想如炬，代表了丁家塾馆的水平。"

朱德学算盘下了功夫，把乘除加减和十六两换算口诀写成字条，装在衣袋，贴在炕头，有时间就看、就背，熟练地从头背到尾。他打算盘不比先生慢，有时能同时打出总数，数字是一样地准确。有一次，先生把算盘和一个账单交给一个富家孩

六 不是穷人孩子读书的地方

子，让算算。富家孩子拨拉着算珠，算不出准确的数字，脸上急得拉拉淌汗，耷拉着脑袋，尴尬得无地自容。

朱德接过算盘，手指头在算盘上像风一般灵活翻飞，眨眼工夫就准确算出了数字。

先生揶揄富家孩子说："坐在一个塾馆里，人家算账如流，你呢，看账算的，一笔糊涂账，白混了，不知长进！"

先生排除了以往对朱德的印象，想到朱德平时被欺凌时，作为先生睁一眼闭一眼，佯装不知，没有主持公道和正义，为他说上一句话，反而责罚朱德，他心里不安、愧疚起来。是金子怎能不发光？先生发现，小小的朱德虽没有穿上光鲜亮丽的衣服，但是，他有一颗十分难得、珍贵无比的美丽的心灵，他善良诚实，朴素大方，尊师爱友，帮助同学，有正义感，学习刻苦认真。

先生表扬了朱德。朱德心里暖和了。他发现先生变了，变得慈爱、公平。他觉得先生高大了。

先生拿着朱德墨迹未干的文章，昂着头，对着学生抑扬顿挫地诵读。他大声教导说："同坐一间屋里，写出的文章却有天壤之别，看看朱代珍的文章是怎么写的，说是行云流水、丹青妙笔、笔扫千军、点石成金一点不过分。看看你们，写得文不对题，辞不逮意，张冠李戴，故弄玄虚，华而不实，有的人只写了十几个字……"

朱德让有些有钱人的孩子心生倾慕，愿意走近他，他们围着朱德，看他读书、写字，有的同学模仿着他握笔的姿势。

朱德的早年生活

朱德笑了,是那么地灿烂。

有的有钱人孩子文章写不过朱德,又见先生对朱德情有独钟,心里像揣了只刺猬又疼又憋气,暗中使坏。

冬天了,课间休息时,学生们都会跑出屋子晒太阳,朱德、代凤后背靠着墙壁,两手拢在袖筒里,脸朝着阳光,说着话。几个有钱人的孩子挤眉弄眼走过来,站在朱德、代凤的两侧,人贴人,用肩膀挤压朱德、代凤。朱德说:"你们挤什么?"他们嚷嚷着:"挤在一起暖和。"朱德、代凤被挤成一团,跌倒了,他们压在他俩身上,朱德吃力地喊道:"让我起来。"他们用劲压着朱德、代凤,朝着周围同学扯着嗓子眼喊道:"怕冷的快来啊,这里暖和。"

听见吵嚷声,先生快步跑过来,大声喊:"散开,不许打架!"

有钱人的孩子住了手。许多同学围上来看热闹。先生冲着有钱人的孩子气呼呼地说:"唯恐天下不乱,就怕没有人知道你们的能耐。有能耐的话,多写几篇好文章!"

有钱人的孩子双手拍打着身上的泥土,歪着头,目不斜视,表情木然,一副桀骜不驯的样子。

先生对朱德说:"伤了身上没有?"

朱德用感激的目光望了望先生,说:"谢谢先生,没伤,都怨我们没躲开点。"

先生眼中透出爱抚的光芒,说:"代珍,有点大气。记住我的话,目空者,鬼障之。目空一切,什么都瞧不起的人,神鬼

六 不是穷人孩子读书的地方

会遮挡他的眼睛,让他什么也看不到。做人谦逊点好,让自己和他人都好过点。"

有钱人的孩子对朱德的恶气还没有出尽。

早上,上学前,朱邦俊从家门前的梨树上摘下两个黄熟的梨,送给朱德、代凤。

树上的梨珍贵着,家里人只能望一望梨的影子,嗅一嗅它的甜香味,没有人能尝到。朱邦俊交代两个孙子说:"梨压渴,路上渴了,就咬上一口啊。"

钟氏拿过梨,用衣襟擦了擦,递给他俩说:"拿好了,这是爹爹送给你俩最好吃的东西了。"

拿着梨,朱德、代凤去上学了。代凤不时看看手中的梨,鼻子凑上去嗅嗅,露着馋相笑着说:"真香啊。"

代凤忍不住了,对着梨皮轻轻地啃咬一小口,嘴里咂巴着,很响。

朱德握住梨,任甜香味钻进鼻孔里、钻进嘴里,却没有舍得吃。梨的甜香味在他心里弥漫成一种憧憬幸福快乐的阳光。

代凤每用牙齿轻轻地咬上一口梨,就抬眼看一下朱德,他不忍马上咽下梨肉,在舌头上翻来颠去,让幸福多停留一会儿。梨太诱人了,他终于抵挡不住丝丝入心的甜香味,吃下了最后一口梨。

进了私塾的门,丁家一个远房瘦脸少爷看到朱德手中的梨,从座位上站了起来,走过来,把手伸到朱德面前,厉声说:"把梨给我。"

朱德把梨捂在胸前，说："这是我的梨，凭什么给你？"

瘦脸少爷说："你凭啥吃梨？"

朱德说："我家树上长的，凭什么不能吃？"

瘦脸少爷说："你家的地是我们丁家的，你家的树是我们丁家的，树上结的梨都是我们丁家的，快把梨给我。"

"不给。"朱德转过身，张口就吃了一下梨。

瘦脸少爷急了，伸手要夺梨。

代凤见了，冲过来，攥住瘦脸少爷夺梨的手腕，瞪大眼睛，带着火气说："你想干什么，要打架啊，打啊？你要敢动代珍一个指头，我打扁你。"

瘦脸少爷眼中哪有朱德和代凤，"哼"了一声说："你算马鞍场老几？"他一用劲夺过朱德手中的梨。

代凤呵斥道："把梨还给我弟弟。"

"不给。"瘦脸少爷紧紧地握住梨。

朱德猛然抱住瘦脸少爷拿梨的手，要夺回梨。瘦脸少爷火上来了，把梨朝地上一掼，用脚一踏，盛气凌人地说："穷光蛋，还想吃梨，我家的梨，是你们吃的吗？踩烂了也不给你吃。"

侮辱使朱德愤怒，猛地一头撞了瘦脸少爷的胸窝，把他撞出很远，碰到了桌子上。几个有钱人的孩子扑上来，抱住朱德、代凤，七手八脚想摁住，骑在身下打一顿、奚落一番。没有料到，朱德人虽小，浑身力气却不小，两个比他年龄大的孩子被他的拳头打得眼睛睁不开，抱着脑袋，四处乱躲；三个有钱人的孩

六　不是穷人孩子读书的地方

··· 51

子使出吃奶力气抱着代凤,想掼倒他,他却像一棵扎根很深的树,根本扳不倒,反而被他甩开了。他挥动拳头,左一下、右一下,打得几个人乱作一团,有的人屁股还被踹疼了,嗷嗷叫唤。

有钱人的孩子猛然发现,穷人的孩子不好欺负,虽穷,但心气大,身上有力气,拳头也硬。

先生知道了这件事,拉下脸对朱德、代凤说:"你们是来读书,还是打架斗殴的? 多一事不如少一事,你俩能斗过他们? 不要为一个梨闹成这样,退一步海阔天空嘛。"

先生用尺子在朱德、代凤手掌上打了七下,虽然不重,但他俩有些委屈。

朱世连上丁家花园赔了几次不是,才算过了这道坎。

七 无法痊愈的疤痕

钟氏又要生孩子了。放了学,朱德和代凤把书篮一拎,急忙朝家里赶。

早上起床时,做饭的钟氏突然间肚子一阵阵疼起来。朱德扶住母亲,紧张地问:"妈,你怎么了?"

钟氏脸上挤出一丝笑:"不要紧,你是要有幺弟幺妹了。"

朱德望着家里大人们,他们神情有点不对劲,有的蹙起眉头,有的双眼里光亮有些黯淡,有的脸上绷着,有的用手托着腮帮子。

朱德看着母亲在床上蜷缩着身子,疼得轻轻地哼,他突然觉得自己的肚子也疼了,像被一双手狠狠地拧着,疼得直想掉眼泪。他的心被母亲牵着了,被将要出生的小弟小妹牵着了,不想去塾馆读书,想留下来,跟在母亲身边,看着母亲生下小弟小妹。

朱德心想,自己是个小小男子汉,母亲需要他的保护,自己在,母亲肚子就会不疼。

一阵子疼痛后，钟氏苍黄的脸上撩乱着长长的秀发，她抬头望着朱德说："啥子事嘛，还没去上学？"

朱德嗫嚅着嘴唇说："妈，我不想走，要看着你。"

钟氏勉强地温暖一笑："妈不要紧，听话，快跟二哥上课去。"

代凤拉着朱德走时，朱德眼泪巴沙，走出了好远，还回头望望。上午，在课堂上，朱德心心念念惦记着蜷缩在床上的母亲，老是走神。有一阵子，他眼皮直跳，就想起祖父母说过的话，左眼跳财、右眼跳祸。他担心了，妈会不会有什么事情？后来，他见左眼皮乱跳，才算放下心。

放学了，朱德没有像每天一样，与相好的同学，三五成群，边走边说笑。他拉着代凤，跑出塾馆，扔下相好的同学，拎着书篮，朝家里直跑。

这是一条山间小路，两旁有稻田、堰塘，还有雨后斜飞的燕子、绕着堰塘边绿油油的菖蒲、壮实的蒿草、不停飞着的蜻蜓，时不时还有一只山兔、山鸡窜过山路。

路边树上的鸟儿叫得甜脆、欢快。

朱德和代凤想着母亲，想着可能已经生下来的小弟小妹，按捺不住地兴奋与期待。

朱德说："二哥，妈现在怎样呢？"

代凤说："妈肯定很好。"

朱德说："我上午眼皮乱跳，幸亏是左眼跳的，跟我妈没关系。"

朱德的早年生活

代凤说:"我妈没事情,好人好报。"

朱德说:"二哥,妈现在生了吗?"

代凤说:"肯定生了。"

朱德说:"是么弟,还是么妹呢?"

代凤说:"是么妹。"

朱德说:"肯定是么弟。"

代凤说:"你敢赌一下?"

朱德说:"赌就赌,我肯定能赢。"

朱德耳朵里仿佛听到了弟弟欢乐的啼哭声,心里热乎乎的。他眼前幻现出家里人在等待他和代凤快快到家看弟弟的情景:他和代凤一进家院,代历、秋香迎面跑来喊道:"代珍、代凤,你俩回来啦,我们又有一个弟弟了!"祖母从屋里出来了,一脸笑呵呵的模样:"福气啊,这娃长相富态,大脸盘、大耳朵、大手、大脚,一辈子有财,不受穷。"

这时,朱德和代凤心里几乎同时冒出一个念头,给母亲逮条鱼煮汤吃、补身子。

堰塘里清水盈盈,涟漪粼粼。堰塘边的水不深,朱德脱了鞋子,跳下去,水淹没了他的小肚子,水面上漾出一圈一圈儿的涟漪。朱德逮鱼有一套法子,不用扒网、篓子,找几根树枝,拿着一下一下拍打河面,打得河面啪啪地响,水花飞扬。鱼游到水面上,他脱下衣服,两手撑开,像一张网,放入水中,提上来时,好多鱼在里面蹦跳。不过,这些鱼太小,他又放了。一招不行,又来一招。朱德使劲儿游到塘中央,一会儿潜泳,一

七 无法痊愈的疤痕

··· 55

会儿狗刨,腿脚乱扑腾,把水搅浑。鱼儿晕了头,不知躲避,蹿出水面,朱德一逮一个准。

朱德、代凤逮了三条有一斤多重的大鲫鱼。

到了家门口,朱德、代凤见祖父坐在门口,面无表情,仰头看着太阳;爸爸站在猪栏前,耷拉着眼皮,嘴里一口接一口吧嗒着旱烟,没有半点喜庆的样子。他俩心中蒙上一层阴影,觉得家里发生了什么事。

朱德和代凤相互望一眼,匆匆走进场院。他俩丢下书篮,想上前问父亲家里发生了什么事,又不敢问,怕脾气不好的父亲冲他俩发火。代凤径直走进家门,去看母亲了。

朱德到了祖父面前,问:"爹爹,你干吗不高兴呀?"

朱邦俊抬手摩挲一下孙子的脑袋,没说话。

"爹爹,"朱德摇晃着朱邦俊的臂膀,问,"你怎么不说话呀?"

仅仅半天时间,朱邦俊仿佛一下子苍老了许多,声音也嘶哑了,说:"没有啥子嘛,你读书去。"

朱德摇晃着手中用草串联起来的鲫鱼,带着几分得意说:"我找幺姐去,给妈煮鱼汤吃。"

秋香从家门里端着一盆脏水出来,朱德见了,迎上去,举起鱼来,喊道:"幺姐,我和二哥逮的,给妈煮汤吃。"

秋香泼了脏水,头也不回往里走。

朱德撵在后面,喊道:"妈生了吗?"

秋香自顾走路,脚步沉沉的。

朱德的早年生活

朱德喊道："妈生的是么弟还是么妹？"

秋香站住脚，却没有话，像没听见朱德的喊声。平时，秋香对朱德可好了，他遇到委屈的事情，她给擦泪水、哄劝，逗他乐。有时，邻人小孩欺负了他，她像个大男孩，拿着木棒追赶人家。

姐姐怎么不说话？朱德看见秋香眼中有一滴泪，闪闪地亮，不住地摇晃、摇晃，像一块石头落了下来。

朱德的心猛地一抽：妈出事了？

代凤出来了，满脸酸楚难受的样子，看着朱德，不说话。

朱德拔腿就要进屋，代凤伸手拉住他，低声说："么妹死了。"

朱德心疼得泪水夺眶而出，如雨一样纷纷洒下。他丢下鱼，跑进屋里，见母亲额头上裹着一块布，凄楚地睡在床上，祖母潘氏坐在床边，大妈、三妈站在一边，都像挨了霜的狗尾巴草——蔫了，她们丧着脸，一副痛苦又无奈的表情。朱德跪在母亲床前，摇晃着她的手，哭出了声："妈，么妹怎么死了，我要么妹……"

钟氏的心抖动着，哀怨说："么儿，莫哭了。"

潘氏悲情地撩起衣角擦了擦眼睛，把朱德拉到身边，说："代珍，你长大了，要懂事。你妈身体弱，不能太伤心，让她睡着。"

朱德抹一把泪水，问："妈，么妹怎死的？"

潘氏叹口气："我们家里穷，养不活啊……"

七 无法痊愈的疤痕

刘氏心疼过继儿子朱德，宽慰地说："幺妹来了，走了一遭，看家里太穷，受不了，走了。"

潘氏朝外喊了一声："代凤、秋香，来，把代珍带出去。"

代凤、秋香跑进来，拉朱德出去。代凤边拉朱德，边忍不住说了小妹妹刚出生就被溺死了。

朱德不让步了，在代凤、秋香怀里使劲挣脱着，他不知母亲怎么这样狠心，把自己的亲生骨肉活生生地溺死，不知祖母、大妈、三妈她们怎么也这样狠心，帮助母亲溺死了自己的小妹妹。他哭闹了："妈，你们为什么要弄死幺妹？干吗不让幺妹活？你要赔我幺妹，我要幺妹……"

秋香又哭了，哭出了声。

钟氏听了，躺着的身子颤抖了。

这时，正揪着一颗心的朱世林火呛呛走进来，虎着脸，发脾气说："闹啥子，欠打！多一张吃饭的嘴，没有粮食，喝西北风啊！"

潘氏护着朱德，嗔道："你这坏脾气要改掉，吓坏我孙子不饶你。"

朱德没有怕火爆脾气的父亲，睁大两眼，瞪着他，小拳头攥得像铁锤一样紧实，嘴里呼呼喘着不屈的气息。

"你还瞪眼睛啊！"朱世林抬脚踢向朱德屁股，朱德不躲闪，把腰板挺得更直、更刚硬。"脾气不小啊！"朱世林更来火，把脚又踢向朱德屁股。

朱德哭着喊道："你为什么弄死幺妹，赔我幺妹……"

朱世林脸上气得变了形,口里唾沫乱飞,"你懂什么! 全家供你吃,供你读书,还拿什么再养这个祸害!"

朱德说:"我不吃,我不读书,我要么妹……"

"你,你要气死我!"朱世林顺手抓起一根棍棒,就要打向朱德。

刘氏搂过朱德,脸贴着他的脸,说:"么儿,莫与大人顶嘴,听话……"

代凤、秋香拉着朱德出了门。

朱德的家院里空落落的,浮荡着一份凝重的苦涩……

秋香悄悄地带着朱德、代凤到家后的山上,看了被溺死的妹妹小小的坟堆。 朱德瞅着秋香,问:"她能知道我来看她吗?"

秋香说:"大人们说过,能看到的。"

过了好些日子,朱德还不理会母亲。 钟氏送朱德上学,忧郁地说:"么儿,不和妈说话,是生妈的气了?"

朱德嘟着嘴,没有说话。

代凤盯着朱德说:"妈问你话呢,怎么不说话?"

朱德还是没有说话。

下午在家里,钟氏递给朱德一把镰刀,说:"跟妈割草去。"

朱德接过镰刀,一声不吭,跟在母亲背后走。

钟氏不安地告诉朱世林:"代珍真伤心了,对我不理不睬。"

"是个倔驴。"朱世林磕了磕烟锅这样说。

钟氏放心不下,要慰藉朱德,带着他去赶集市。

跟着母亲去马鞍场赶集市,一直是朱德最喜欢、开心的

七 无法痊愈的疤痕

… 59

事情。

马鞍场源于隋末年间的几间路边小店,作为巴、仪、营、蓬一带经商来往歇脚地点。后来,店铺增多,逐渐繁荣,在唐代中期成了一个小集镇。

马鞍场平坝上每逢一、五、八日是集市。这天,天一亮,朱德就起床了,跟着母亲背着稻米赶集市。路上,附近赶集市的人群三三两两,有的挑着竹筐,有的背着背篼,还有的妇女背上背着孩子,带上自己要卖的稻米、红薯、萝卜、棉花、布、棉纱、鸡鸭猪崽、木柴,穿着草鞋的脚步声和鸡公车吱吱呀呀的叫唤声交织一起,灌满耳朵。

钟氏不时与熟识人笑着打招呼。有人盯一眼朱德,笑嘻嘻地问:"是哪家的小娃娃?"

钟氏说是三儿子,小名叫狗娃子,学名叫代珍。

钟氏带着朱德到平坝上一户人家里歇脚。这是一户客家人,与钟氏很熟悉,朱德上塾馆和赶场,有时会把斗笠寄放在这里。

客家人说话,钟氏听懂的少,只是听着,很少讲话。

太阳升起来,不长、狭窄的街上霎时成了一条人流。货摊成为三排摆在街两旁人家的门前与街的中央。烧水化蛋的巫婆,走江湖卖药的郎中叫卖声大得震耳朵。钟氏和朱德在人群中挤来挤去,要用稻米换钱,交换盐巴、灯油。

赶场的大都是男人,女人不算太多,小孩子兴奋地在人群里穿来跑去。朱德两眼盯着玩耍的小孩子。钟氏要买朱德喜爱吃的"潘豆腐干",他摇摇头,说不想吃。

钟氏说:"你不是最喜欢豆腐干吗?"

朱德说:"现在不想吃。"

钟氏心里泛起一丝酸涩,儿子对她的"恨"还是未消。

集市上买卖、交换东西都是客家话,他们大声讨价还价。朱德没兴趣,跑到卖笔卖书卖画的地摊前,翻看起书。书贩子见朱德只是看书、没有买书的意思,就拿下他正看的书,挥挥手让他走。钟氏见了,问朱德:"哪本书好看?妈给你买。"

朱德买了一本好书,心情变了,脸上光彩起来,用袖头擦了擦书上的灰土。

回来路上,朱德边走边低头看书,钟氏问他话,他也回话,还带着笑容呢。

温暖的七月,在朱德心里却像寒冷的冬天,冷酷无情。失去未曾见面的妹妹,八岁的朱德在这个夏天,没有了温暖,没有了笑容,心里留有一道深深无法痊愈的疤痕。

因为穷,钟氏一共生了十三个孩子,没法全部养活,只留下八个,后来再生的都溺死了。

八　把"胖子"耍得团团转

一个冰冷的眼光，让朱德理解了母亲为什么要溺死刚出生的妹妹。

几次，在丁家私塾门口，朱德看见了个头不高的地主丁阎王，他戴着瓜皮帽，穿长袍，长着小眼睛，高鼻梁，与人说话时，谦恭、平和。乍一看，他是一个热心帮人的人。朱德了解他，这个丁阎王肚子里是一副黑肠子，他像一块大石头压迫着朱家人，一年四季、风里雨里拼命地干活，收的粮食几乎全都送给了他。他心狠手重，认钱不认人。朱德曾经跟着祖父上丁家庄园缴粮食，祖父苦着脸，对丁阎王低声下气地说："今年天旱，打的粮食不多，缴了租子，怕全家熬不到明春，能不能少缴点？"丁阎王把脑壳轻轻一抬，拖腔拖调说："我也想减免，可我家上上下下几十口人也要吃饭啊。你是老佃户，我不难为你，你要不想租种，可以退，那就不用缴粮了。"

一番话，说得朱邦俊扛不动了，心里又怕又发冷。

丁阎王瞥了一眼朱德。这眼光冷冷的，戳了朱德的心。朱德觉得丁阎王想要把他一脚踢离家门口。蓦然,他心里醒来了,是丁阎王溺死了自己的妹妹……

朱德心里恨恨地骂,丁阎王,吃人不吐骨头的黑心人,不是你逼迫缴租子,我家咋能这么穷,么妹咋会死掉……

在丁阎王面前,朱邦俊弯腰屈背,低声下气。

朱德从鼻孔里"哼"了一声,背起了《周易·坤文言》中的一句话:"积善之家,必有余庆……"

朱邦俊听了,惊慌地连连摆手,生怕丁阎王听见,他看到丁阎王与管家说完话,朝大门里走去,这才松口气。他对朱德说:"我的乖乖啊,不能乱说话,得罪了东家,真的没地种了。"

朱德没事似的说:"我说的是好话嘛。"

"啥子话嘛?"朱邦俊睃一眼孙子说,"爹爹不糊涂,你还有话没背出来。"

朱德随口背道:"积不善之家,必有余殃。"

朱邦俊用手捂住他嘴巴:"你还背啊,这是在丁家门口,还嫌他家人听不见吗?你真是惹祸不怕祸大,迟早要吃大亏的。"

朱德扒开祖父的手,说:"文要气长,人忌志短……"

朱邦俊挑着缴了粮后空落着的箩筐,搀着朱德往家走,他给孙子细细地说:"莫惹有钱有势人家,守住嘴巴,不乱说话,就不会惹祸,祸从口出嘛。丁阎王这样欺负穷人,不会有好结果,人在做,天在看。我们守住良心,不做出格事情就行了。"

这感叹有点深了,朱德听得云里雾里。他觉得祖父有点怕

八 把"胖子"耍得团团转

··· 63

丁阎王。

"哼,爹爹怕他,我不怕!"朱德瞪着圆溜溜的眼珠子,在心底里发狠地说。

富人懂得享受,穷人懂得吃苦。

这天,早上还有点凉风,太阳刚升高一点,轰地就热了,阳光炙热而刺眼。

朱世林和朱世连抬着滑竿上的丁阎王的小儿子"胖子",到山上别墅避暑。

"胖子"和朱德是同学,他指名道姓要朱德也来送他上山。

山路细细的,弯弯曲曲的,盖着杂七杂八的野草。朱德拎着茶壶,跟随着爸爸、大爸,一会过山沟,一会爬上坡,穿树林。

"胖子"坐在滑竿上,圆圆的脑袋晃来晃去。他和朱德是同学,与朱德的年龄一般大,个头却比朱德矮半个头。他整天吃着鸡鱼肉蛋,可只是愣愣地长肥肉、不长个子。

朱世林和朱世连光着上身抬滑竿,肩头上的"胖子"像块石头,沉沉的。滑竿磨红了朱世林和朱世连黑黝黝的肩头,压弯了他俩的腰,他俩走一段路就要停下歇一歇,擦擦汗水,随后再走。

"胖子"又让歇下滑竿。朱德想不通,坐着滑竿也累吗?

"胖子"坐在滑竿上歇息,头上、身上流的汗水比朱世林和朱世连还要多。他让朱德不停地给倒水喝,望着朱德擦了汗水的脸上干干净净,好奇地问:"你脸上怎么没有汗啊?"

朱德敞开小褂裳，让凉风吹，心里甭说有多惬意了。他用揶揄的口吻回话道："你太胖了，胖了就肯淌汗。"

这话捣了"胖子"的心，他苦恼地晃晃头，用手抹着脸上的汗水，心急地说："热死了，帮我扇点凉风。"

朱德不太情愿地说："没有扇子。"

"胖子"不耐烦，急了："用树枝扇。"

朱德没动身子，他知道"胖子"让自己来的用意，是要故意"折腾"他，显示出"高贵"。

"胖子"喊道："你没听见话啊，让你来干吗的？"

朱世连看不过去，折了一根带叶子的树枝，跑过来，赔着笑脸说："我来给你扇凉风。"

"胖子"头一摆："不行，让代珍来扇。"

朱世连把树枝塞进朱德手中。

"胖子"喊道："快扇风，热死我了。"

朱世林磕磕旱烟，跑过来，他真怕得罪了丁家人，收回租种的田地。他对着朱德一瞪眼说："还不扇啊……"

朱德举起树枝，一上一下扇起来，心中骂道："这个胖猪、活阎王，凉快凉快好死呀。"

"胖子"身子往滑竿上一躺，享受着朱德扇来的凉风，可是，身上的汗水越来越多。

"不扇了。""胖子"耐不住热，坐起来，愁楚地问，"有什么法子不淌汗？"

朱德说："不要长胖。"

八 把"胖子"耍得团团转

"胖子"说:"我都这样胖了,咋办?"

朱德说:"不要坐滑竿,下来走路嘛。"

"胖子"横了朱德一眼:"废话,那不更淌汗吗?"

朱德说:"那就没法子了。"

"胖子"蹙着眉头,说了一句脏话:"说了半天话,还不如放屁。"

朱世林和朱世连抬起"胖子",又走。

朱德看着父亲和大爸晒黑的脊梁上滚动着豆粒大的汗珠,肩膀上磨得发红,小腿上爆起青筋,心里愤恨地骂着:一头肥猪,长着两条腿不走,要让人家抬着走。

"胖子"像狗熊一样心安理得地躺在滑竿上,笨重身子下的椅子压得"咯吱咯吱"响。朱德心想,他都是吃肉长得这样胖,也是老天爷对不干活、专吸穷人血的坏蛋的报应。

突然,朱德觉得头上被什么硬东西砸了一下子,他朝树上望了望,看是不是上面掉下来什么东西。这时,一块硬东西又砸在他脖子里,他反应灵活,攥住了这东西,一看,是一种稀罕的硬糖果。朱德马上明白,是"胖子"搞的恶作剧。他用愤懑的眼神盯了盯"胖子"。

"胖子"扬起头哈哈大笑,挑衅地说:"这样望我啥子事嘛!"

朱德咽口唾沫,咽下一团火气。

"胖子"把手伸向朱德说:"把糖果还我。"

朱德咬牙切齿,恨不得把他从滑竿上拖下来。

"胖子"说:"你耳朵聋啊,听不见我的话吗?"

朱德看着"胖子"的嘴巴,像见到恶狗张开的嘴,发出刺耳的狂吠声。一种被奚落、侮辱的心情,让他心里疼痛如刀割,滴着血,恼怒得恨不得把他从滑竿上拖下来,抓起一把青草塞进他的臭嘴里,堵死它。但他忍住了,没有给两个老实巴交的父亲添加麻烦事。

这悲苦,朱德没有一个诉说的人,忍在心里。

朱世连听到了"胖子"的话,怕他不高兴,催促朱德说:"还给他。"

朱德把糖果还给了他。

"胖子"得意地摇晃着脑壳,高傲的眼光俯视着一切,手中的糖果又砸向朱德。

朱德放慢脚步,离着"胖子"走。他想捉弄、奚落一下"胖子",让心里得以安慰和平静。

朱德追上"胖子"说:"你想凉快吗?"

"胖子"说:"想啊。"

朱德说:"那你下来,我有法子。"

朱世连怕朱德在"胖子"身上惹出什么事,盯住朱德问:"干啥子,不要惹事。"

朱德笑了笑:"没事的。"

朱世林不放心说:"你不要瞎捣鼓。"

朱德说:"他嫌热,我让他凉快凉快。"

在一棵大树下,朱德看见一块平整的大石头,大树的枝叶像一把伞罩住它。朱德把大石头上的树叶拣干净,让"胖子"躺上去。"胖子"惬意地说:"凉快、凉快。"

朱德顺势说:"还有更凉快的地方。"

"胖子"急切问:"哪里? 我要去。"

朱德说:"真想去吗?"

"胖子"说:"真想去。"

朱德说:"那要走路的。"

"胖子"说:"走路不要紧,只要那里凉快。"

朱德说:"我带你去一个水塘里,那水冰凉的。"

"带我去。""胖子"像看见了一汪清波的水塘,凉气袭人。

朱德走到朱世连身边,低声说:"爸,你们朝上走,我带着他一会追上去。"

朱世连不解地说:"这行吗?"

"胖子"不耐烦地一挥手说:"行、行,你们去吧。"

"好、好。"朱世连还是有点不放心。

朱德曾经跟着钟氏来过这里。他领着"胖子"走进树林,朝山顶上爬。树林里,偶尔传来几声鸟叫,显得空旷幽静。林间长满了密密麻麻的杂草,有的地方杂草密集得难以走过去。"胖子"磕磕绊绊地走着,汗水满脸,褂裳也挂破了。他脖子上被荆棘划破了,渗出血珠儿,汗水腌了进去,针戳一样地疼。他失声哭了:"我不走了,你要我……"他哪里受过这样的罪,索性坐下了,两手捂住脸直哭。

朱德吓唬说:"这地方蛇多啊。"

朱德的早年生活

"胖子"怕蛇，吓坏了，立马止住哭，跳起来，紧张说："快走呀。"

慌乱中，"胖子"鞋子丢了，坐在地上又哭。朱德拍着他肩头，奚落说："哭什么？丢人，还不如女孩子。"

朱德帮他找到鞋子，给穿上。

"胖子"抬起泪眼问："你说，水塘在哪里？怎么还没到啊？"

朱德像大人哄小孩似的说："快到了，就在前面。"

"胖子"泪一把、汗一把，哭丧着脸："你要是骗我，我爸不会饶过你家人的。"

朱德一脸正经地说："我骗你啥子嘛，谁要骗人是小狗。"

"胖子"说："快带我去。"

朱德带着"胖子"拼命往前走。在一个悬崖下，几棵大树如大手掌遮在一个水塘上空，凉阴阴的。水塘不是很大，里面的水显得乌亮发凉。"胖子"看见了水塘，扒下被汗水湿透的衣服，甩开鞋子，跳进水里，连连喊："凉快、凉快。"

朱德跟着跳进水塘，对着"胖子"说："凉快吧，我没骗你吧。"

"没骗我。""胖子"仰倒在水里，忘记了刚刚所受的罪，舒服地闭上眼睛。

"胖子"问："你咋知道这里有水塘，我咋不晓得呢？"

朱德说："我上山拾草看见的，你出门坐滑竿咋能晓得？"

"胖子"想了想说："嗯，我是没来过这里。"

"你会潜水吗?"朱德想让"胖子"在水里出点洋相,教他扎猛子,他用手捏住自己的鼻子,深吸一口气,睁着眼睛,把脑袋浸入水中。他从水中露出脸来时,说:"哎哟,好玩,真凉快。"

"胖子"心动了,也要试一下:"能看见水下东西吗?"

朱德说:"看见,耳朵还听到哗哗的水声。"

"胖子"说:"我要听水声。"

朱德故意地卖关子:"你行吗?"

"胖子"不怕地说:"你行我就行。"

朱德说:"在水里不要紧张,心里数着一、二、三、四、五,数到十时,就抬起头来。"

"胖子"学着朱德的样子,捏住鼻子,憋住气,头埋进水中。他在水里数数,数到四,憋不住气了,呛了好几口水,哗啦抬起头,跪在水塘里,又吐了两口水。他歇了歇,睁开眼睛,抹着脸上水珠,鼻子里酸溜溜的,喊道:"你耍人,想要憋死我啊。"

朱德说:"我说你不行,你非要说行。"

"胖子"气得直哆嗦,一摆手:"不说了,走。"

离开水塘时,朱德把小褂裳放进水里,泡了泡。"胖子"眨巴着眼问:"小褂裳泡湿啥子事嘛?"

朱德说:"穿着凉快啊,你小褂裳泡不泡?"

"胖子"鼻子里被水呛得还在酸楚,却经不起诱使,点头说:"我咋没想到,泡。"

朱德的早年生活

"胖子"穿着湿漉漉的衣服爬到山顶上，打着喷嚏，走进别墅。丁阎王见儿子一副狼狈落魄样子，追问："谁叫你这样的，是不是朱家三小子教你的？"

　　"胖子"流着鼻涕说："没人教，我自己要这样的，都怪天太热嘛。"

　　朱世林和朱世连偷偷地笑了，知道是儿子心疼他们，耍了"胖子"，让他不坐滑竿，爬着走这么远的山路……

　　回家的路上，朱世连让朱德坐上滑竿。朱德高声背诵："积善之家，必有余庆，积不善之家，必有余殃。"滑竿发出咯吱咯吱的颤动声，好听极了。

九 写一个"苦"字

冬天农闲时,织布匠老爹爹又来了。

他姓汪,人都喊叫汪爹爹。

汪爹爹宽额头,眼睛大而圆,鼻梁直挺挺的,腮帮子上的短须像鬃刷,硬硬的,他不抽旱烟、不喝酒,可脸孔少有地红润。

汪爹爹闲下来时,喜欢讲故事,什么"杨家将""岳飞传""张飞大战长坂坡""樊梨花点兵",讲得活灵活现,让朱德听入迷了。朱德会凝视着汪爹爹想,他的大脑门里到底装有多少故事,怎么老是讲不完呢。

汪爹爹虽然六十几岁,可两眼里亮晶晶的。

偶尔发生的一件事情,让朱德钦敬起汪爹爹。

七岁的朱德和弟弟代炳从堰塘里钓到两条鱼,想回家烧给父亲喝酒。丁家的管家小儿子看见了,冲过来,一把夺去鱼,说:"谁让你随便钓鱼?不知道吗,这是丁老爹家的鱼。"

代炳吓得脸上变色了。

朱德用胸部顶住管家小儿子胸部,不肯相让:"谁说是丁家的鱼？我没听过。"

管家小儿子仰着脸说："你家种的是丁老爹的田，住的是丁老爹的仓房，还不知道鱼也是丁老爹的嘛？"

朱德气鼓鼓说："田是他家的，长在河里的鱼咋是他家的？"

管家小儿子趾高气扬地说："河从他家地上流过，鱼就是他家的。"

朱德不肯退缩，抹了一把嘴巴："你胡说，全是歪理……"

管家小儿子气得脸庞越发地瘦小了："我去告诉丁老爹，给你家加租子。"

这当儿，汪爹爹路过看见了，急忙掰开了朱德和管家小儿子，他拍着管家小儿子肩膀，眯着眼"呵呵"一笑，说："你俩谁是聪明人？"

管家小儿子挺着肚子说："我是聪明人。"

"是吗？"精气神塞满了汪爹爹脸上每条皱纹，"好，我考你。"

"你来考吧。"管家小儿子信心满满。

汪爹爹指着天空说："天大还是地大？"

管家小儿子望了望天，又看了看周围的田地，说："天大。"

汪爹爹说："地大还是人大？"

管家小儿子说："当然地大喽。"

汪爹爹说："是你们丁老爹的家大，还是地大呢？"

管家小儿子说："那还用说，是地大。"

汪爹爹说："真聪明，说得对，天下的地大得很了，一眼看

九 写一个"苦"字

不到边。丁老爹只有马鞍场、李家湾一丁点地，算不上大。这样想来，外边流过来的河就不是丁家的，对不对？"

管家小儿子挠着头，愣愣地立在原地，眨巴着眼睛犯疑惑。

汪爹爹说："既然河不是丁家的，那鱼更不是丁家的，对不对？"

管家小儿子不吭声，点了点头。

汪爹爹说："你是个聪明人，还不把鱼还给人家？"

管家小儿子先是犹豫，后是懊丧，朝汪爹爹恨恨地瞪一眼，把手中的鱼丢到地上，气鼓鼓走了。

在小溪沟里翻了船，管家小儿子真是哑巴吃黄连——有苦说不出。

宽大额头的汪爹爹在朱德心目中一下子高大起来，觉得他是这个世界上最好、最聪明的人。

汪爹爹住进朱德家里织布，仓房里整天响起织布时"哒噜嗦哒噜嗦"的和谐的好听声音。钟氏、朱邦俊、潘氏、刘氏喜欢这声音，安静地听着，他们知道，只有老练的织布匠才能发出这样有韵律的声响。朱德听了，心情亢奋，仿佛看到了新年的衣服和鞋子。

晌午，吃饭时，钟氏喊汪爹爹吃饭，他坐在织布机上，静心地上下踩着踏板，手拿光滑的木梭子，飞快穿过纯白的丝线，说："织完这一块就吃。"

钟氏给他烧了一条鱼，汪爹爹推辞不吃，说："我是来出力干活，不是走亲戚，吃香喝辣的。"

朱德的早年生活

他虽年纪大些，却心灵手巧，做的活细致、漂亮，从络线、浆染、经线、刷线，到作缯、闯杼、吊机、栓布、织布、了机十几道工序，动作娴熟，速度也均匀，如弹琴一般轻松自在。

汪爹爹织出来的粗布，摸起来感觉硬硬的，洗了几次却非常地柔顺舒服。

在弥漫着布的芬芳的世界里，朱德看汪爹爹织布既神奇又简单、轻松，觉得好玩，就想坐上去过把瘾，学着织布。

汪爹爹不在时，他赶紧坐上织布机，脚踩踏板，手拿梭子在丝线间忙起来。不知怎地，他的脚和握着梭子的手竟不像长在自己身上，根本不听话，手忙脚乱，配合不到一起。手里的梭子如同一块拙笨、冰冷的石头，成了捣蛋鬼，撞断了几根丝线。

汪爹爹回来了，看见了，没有生气，反而乐开了怀，那股兴奋劲儿不像是朱德做错了事，恰似做了一件了不起的好事。他笑眯眯地说："看起来容易，做起来难吧。不要紧，爹爹起初坐在机上也是笨手笨脚，顾东顾不上西的，时间一长，熟练了，就好了，古人说，冰冻三尺，非一日之寒嘛。"

起初懊悔、害怕的朱德，转而，偷偷地发着笑。

汪爹爹坐上织布机，眼睛左右瞅了瞅，手捏住断线头，牙齿不时咬线头，费了不少工夫才接完朱德撞断的丝线。织布机踏板声又咣当咣当地响了，穿梭声响亮悦耳。

朱德心生佩服地说："汪爹爹，厉害，我妈说，马鞍场附近四里八乡的人都知道你手艺好。"

九 写一个"苦"字

汪爹爹脸上是一大堆的笑容，边干活边说："怎么，你想当织布匠？"

朱德回答干脆："想当。"

汪爹爹问："为啥？"

朱德说："织布好，没有布就没衣服、鞋子穿了。"

汪爹爹看一眼他说："小小的孩子懂事还真不少，你是怕没衣服穿光着腚、没有鞋子穿赤着脚吧……"

"是的。"朱德口气里流露着羡慕，"织布匠还能到处走。"

汪爹爹说："你不会当织布匠的，你是读书人，将来会有功名的。织布是苦力活，爹爹是要养家糊口，没法子的事情。"

小小的朱德还不能完全听懂汪爹爹的话，把一只手指放在嘴唇边来回摩挲，回味着老人的话。

每天，只要没什么事，朱德就会看汪爹爹织布，听他讲故事。

朱德还知道，汪爹爹当过太平军。

在朱德家仓房后的大路上，汪爹爹给朱德讲了许多头箍红布，手握大刀、梭标的太平军的故事。

朱德家房后的大路是一条笔直、坦荡的官道，能通到仪陇县城、南充的顺庆府，还能到达很远处的成都。

这是一条不算宽敞的土路，是古时驿道的一条支路，能走上两辆牛车。

朱德常常站在大路上，感慨一句："真宽啊！"

朱德的早年生活

大路像一条河，不过，上面流动的不是水，而是三三两两的人群，车马牛羊，有做生意的，有讨饭的，有郎中，有兵丁，有坐轿子的，还有到成都读书的……

一天，朱德裤脚卷得高高的，尾随着一辆破旧的牛车，不停向前走。牛车上的一个读书人对着迈着大步跟着走的朱德说："小孩子，你要去哪里？"

朱德说："到大路那边。"

读书人喜爱天真的朱德，笑道："大路那边很远很远啊，你不怕累吗？"

朱德晃晃头："我不怕走路。"

读书人说："有勇气。你家大人知道你出来吗？"

朱德抬手朝家那边指了下，说："家里不知道。"

读书人说："孩子，大人会找你的，快回家吧。"

朱德说："我要朝前走，想看看前头什么样。"

读书人说："我告诉你前头什么样，你就回家好吗？"

朱德仍旧被前方召唤着，说："不行，我要朝前走。"

读书人善良地说："远着呐，凭你小孩两腿是走不到的。"

朱德在内心里执拗地喊着：走啊走！

读书人觉得小小朱德有志向，但见他太小，下决心要阻拦他朝前走。他让停下牛车，拉住朱德，劝道："你太小，不懂得，路很远，很累人的，不要说你还是个小孩，就是我们大人走过去身上都会累得脱层皮的。"

朱德说："我大了。"

九 写一个"苦"字

读书人用自己身子与朱德比了一下高矮，说："看看你才多高，差远呢，过几年长高再走不迟嘛，前边的东西不会跑掉，只要你愿意去。"

朱德心中还是装着前方，眼巴巴地问："前边啥样子？"

读书人想了想说："你们村里最大的是啥子嘛？"

朱德朝远处的李家湾望去，说："大堰塘。"

读书人说："很远的前边有大海，像天一样大、一样蓝，能装下你们村里最大的大堰塘、装得下你们的村子……"

"是吗，大海这样大啊。"一个神奇、充满诱惑的世界，让朱德视野壮阔，心里壮大，按捺不住地想走出家门。

大路上坑坑洼洼，尘埃飘扬。厚厚的尘埃没有挡住稚嫩的朱德一颗向善的心。

一个讨饭人触动了朱德的心。

下午，一个老婆婆，蓬头垢面，脸上满是横七竖八的皱纹，她不时向经过她身边的人伸出骨瘦如柴的手，用哀求的眼神低声说："大哥，行行好吧，我两天没吃过东西了。"

在穷困中，为了一口饭，人的尊严会丧失干净。

行人都漠视她。有的人躲闪，呵斥道："滚开，哪来的脏东西。"

老婆婆摇摇头，蹒跚着离开了。

朱德跟着老婆婆走，看到她没有讨到一分钱、一口饭，连忙跑上去，从衣兜里掏出半块玉米馍，递给了她。老婆婆感激地哆嗦着嘴唇，鞠了个躬。

这一情景，汪爹爹看见了。他笑容满脸走过来，弹了弹朱德身上落满的尘埃，搂住肩膀说："乖孩子，做得对，帮助穷人是对的。"

赞赏的微笑，像一缕阳光照进朱德的心扉。

汪爹爹说："你会写苦字吗？"

朱德拣起一根树枝，在地上画了一个"苦"字。

汪爹爹说："'苦'字像不像我们的人头，草头是我们的头发，中间的十字是我们的鼻子和眼睛，下面的口字就是嘴巴。"

朱德点着头，说："真像。"

汪爹爹双眉拧成疙瘩，说："穷人苦呀，像讨饭的老婆婆多么苦。穷人不是天生的穷，不是天生的苦，都是被像丁阎王这样的富人逼的。"

路那边，又走过来三五个神情憔悴的讨饭人，不知他们来自何方，又要流落何处。汪爹爹看着，叹了口气。

朱德同情地凝望着衣服褴褛的穷人，面对着贫瘠、困苦的土地，遥望着路的前方，心里想着曾见过的读书人说的话，前方有着大海。他想：大海啥样呢，能生长出救老百姓性命的庄稼吗？但，幼小的朱德，还不知道通向前方的路是多么地艰难。

朱德的眼睛里流露出一个少年所有的惶惑与憧憬。

汪爹爹还给朱德讲了太平天国的革命故事。

英武高大、正气凛然的太平军战士形象，让朱德惊讶、赞叹、佩服，深深印在脑海里，没法子忘掉。他钦佩翼王石达开,也为他的失败发出惋惜的声音。

朱德听得入神,情不自禁地问:"爹爹,你见过石达开吗?"

汪爹爹说:"见过,翼王石达开,小名亚达,绰号石敢当,他和你们家一样,是客家人。他是太平天国中最完美的男人,他是一位大帅哥,能文能武,十六岁就被天王洪秀全请出来闹暴动,十九岁统率千军万马,二十岁封王,就义时只有三十二岁。他用兵神出鬼没,死后还让敌人提心吊胆,多少年都不断有人打着他的旗号从事反清活动。"

朱德问:"什么叫翼王?"

汪爹爹说:"翼就是翅膀,如虎添翼嘛,翼护天朝的意思。"

朱德听到了太平天国有规定,不分男女,按年龄都可以分到一份土地,他欣喜若狂说:"现在要是太平天国多好,我家就可以分到一份土地了。"

汪爹爹又说到帝国主义侵略中国,清政府军队打败仗的一些事,朱德痛恨起外国强盗,更憎恶只会欺压老百姓,惧怕洋人的官兵。

朱德仿佛从苍茫的前方,看到了波涛汹涌、激动人心的大海,依稀望到一片蔚蓝色上摇曳着金黄色的庄稼,听到了成熟的庄稼发出喜悦的窸窸窣窣的私语声。

前方有大海。朱德的心向着前方。

朱德的早年生活

十　一道生命的桥

咸丰、同治、光绪年间，春旱、夏旱、伏旱约好似的接连不断地来，乡村里，禾枯苗死，水田开裂，庄稼颗粒无收，十户有九户离家去要饭。

穷人讨口度日。有钱人依然活得花天酒地，醉生梦死。丁阎王觉得眼前的庄园小了、不阔气，一挥手，撒下千金，盖起了豪华庄园，号称"川北第一庄"，老百姓叫"丁家大院""丁家花园"。

丁家大院是一座四合院。庄园外观像巨人张开双臂一样。在这个大的四合院左右两侧，还有两个小四合院。园内草木繁多，有亭台、水榭、石桥、假山。整座庄园有大小房屋一百零八间，取《水浒》中梁山有一百单八将意蕴，丁家人说："梁山有一百单八将，丁家有一百单八房，子孙住在这里，个个皆好汉。"

马鞍场的百姓在心里都巴望老天爷能点上一把火烧了丁家大院。

好人不长寿，祸害一千年，老百姓这句话说得真有道理，百姓活得如火烤、似油烹，丁家却炸鞭结彩起高楼、盖花园，一片歌舞升平。

这一天，暖洋洋的，不像秋天。李家湾村路上不时有三三两两的讨饭人走来。

朱家人吃完晌饭，站在仓房门口，望着村前大树下站着几个讨饭人，朱世和有怜悯心地说："他们不知吃饭没有。"

朱世连说："听说有外乡讨饭人被丁阎王家的恶狗咬了。"

朱邦俊像是自己被狗咬了一般，气得心里像是裂成两半儿，一跺脚说："作孽啊，该天打五雷轰。"

钟氏看着讨饭人，脸上露出同情说："要是有一点办法，谁出来讨饭受罪，唉，可怜。"

天上有一群鸟儿慢腾腾飞着，像是耐不住大地的焦渴，四处寻找雨水。

一阵风吹过来，人的脸上干沙沙的。

钟氏对着朱德说："你去看他们有吃的没有。"

"哎。"朱德一路小跑过去。

朱家人的眼睛一起望向讨饭人，望着几个贫穷饥饿的影子。

朱德跑回来了，他的裤脚和鞋子上粘着一层灰土。他说："他们没有吃的，饿得走不动路了。妈，我还看见一个小孩子，很瘦很瘦。"

一股苦涩的滋味当即漫上了朱家人的心头，他们眼睛朝着钟氏，好像她能用什么妙法子填饱饥渴的讨饭人。

好心的钟氏拢拢头发，一声叹息："唉，这年头能有什么好吃的……"

是呀，家里人都吃不饱，钟氏能拿什么给这些素不相识的讨饭人填肚子呢？

朱德眼睛望向屋里堆放的南瓜、苦菜，心想：母亲只能煮瓜菜糊糊给他们吃了。

"饿的滋味最难受。"钟氏勒上围裙，对朱德说，"做饭，帮我把瓜菜拿到灶台上。"

钟氏来到灶台间，洗菜、切瓜，把苦菜放在开水锅里焯一下苦味，和南瓜放在一起煮，烧开时，滴上菜籽油，撒点盐，拿勺子搅了搅。

一股苦涩又带着甜香味的气息在灶台间里弥漫开来……

朱德心里惦记着那个瘦骨嶙峋的孩子，想着鸡窝里的鸡蛋，围着钟氏不断地提醒："妈，小孩都快要饿死了，你晓得不？"

钟氏手中搅动着勺子，说："你是想着鸡窝里几个鸡蛋了。"

朱德重重地点了点头："小孩真可怜。"

钟氏说："你舍得把鸡蛋给他吃？那是家里金疙瘩。"

朱德说："舍得，你说过的，要学会帮助人。"

钟氏说："那好，你去拿两个来。"

朱德跑到鸡窝前，掏出两个鸡蛋，拿给母亲放进冷水锅里煮，他心里那个美劲就没法子说了。

钟氏把瓜菜糊糊盛进一个盆子中，煮熟的鸡蛋放在朱德衣兜里，让朱德送给讨饭人。

十 一道生命的桥

朱德端着瓜菜糊糊跑到大树下，讨饭人马上围上来，二话不说，用碗在盆子里使劲地挖瓜菜糊糊，装得碗里朝外溢着。朱德看见，讨饭人伸出舌头，绕着碗边，急快舔完溢出的瓜菜糊糊，他们捧着碗，三口两口、风卷残云般喝完了瓜菜糊糊，把碗又伸向盆子，再挖瓜菜糊糊。

朱德问："好不好吃？"

几人点头，一条声说："好吃。"

朱德把盆里所剩下最后一点瓜菜糊糊倒给了一个年纪稍大的人，把鸡蛋递给了孩子的母亲。那母亲抖着手剥去蛋壳，把鸡蛋送到孩子嘴边，孩子一口咬住鸡蛋，快速咀嚼着。那母亲爱怜地说："慢慢吃，别噎了。"

朱德笑眯眯地望着孩子，望着几个讨饭人。

他们吃了东西，缓过一口气来，身子硬朗些了。孩子的母亲对着朱德感激地说："你家是好人。"

朱德说："我妈做给你们吃的。"

那个年纪稍大的人用手指剔着牙缝，问："瓜菜糊糊怎么这样好吃，你妈在里面放了啥东西？"

朱德自豪说："我妈做饭就是好吃，村里人都这样说的。"

干燥的田野间寂静无声。田埂上有一小簇野花，在干燥的空气里倔强地闪耀着光彩。

讨饭人坐在地上，约好似的不再说话，眼睛寂寥地四处张望。

朱德还想听讨饭人说瓜菜糊糊好吃的话，听孩子母亲能说吃的鸡蛋喷香。他想,他们应该感激、夸奖自己的母亲,因为是她做了瓜菜糊糊、煮了鸡蛋,更主要是母亲心肠太好、太善良,看不得穷人遭罪。

讨饭人依然没有说什么话,他们眼睛迷茫地傻气地打量着琳琅山,那种如痴如呆的神情仿佛那里有什么金子、银子,准备随时扑抢过去似的。

朱德对着讨饭人失望地晃晃头。小小的朱德还不知道,在寒冷的饥饿中,这些讨饭人,勉强吃了一顿不解饿的饭,又要想着下一顿的"瓜菜糊糊"会在哪里,哪有心思念叨着一个陌生的母亲和孩子刚刚帮助过他们……

朱德还不完全知道母亲是一个热心搭桥的人:有善心、同情心,做不断搭桥的人,把需要帮助的每一个人送到彼岸。

钟氏身上有一种强大的生命的光,在黑暗中闪亮。

这次,她用无私与爱、天性与责任给自己的三儿子搭了一道迎接生命的桥。

朱德感冒、发烧、咳嗽了。

朱世林抱怨钟氏说:"都怪你让孩子整天跑来跑去。"

朱德脸上涨得发红,滚烫的红。朱世连摸了下朱德的额头,看着朱世林说:"不要乱怪了,小孩还能不生一点病吗?"

钟氏没有话,给朱德身上盖了两层被子,喝了一碗温开水。她说:"屋后山上有治发烧的草药,我去弄点来。"

朱世林说:"能行吗?"

十 一道生命的桥

... 85

钟氏说:"我从小跟爸上山采过多少草药。你忘了,你发烧时吃过我采的草药?"

朱世连说:"我去吧。"

朱世林说:"你识得草药吗?"

朱世连睁大眼睛说:"怎不识得?"

去得急,回来得也快,朱世连似乎仅用一二分钟时间就采药回来了。钟氏用金银花、竹叶、淡豆豉、甘草、葱白煮出汤,让朱德喝下去。

钟氏在床前陪同朱德,手中忙着缝补衣服、纳鞋底。朱德半睡半醒,有时打着轻轻呼噜,有时没有一点动静,偶尔,他身子一动弹,钟氏忙给掖被子,用手在他脸上试试,低声问:"怎样,好点吗?"

朱德把头靠着母亲的身子,轻轻地说:"头脑里发疼。"

钟氏给他额头上敷上一条热毛巾,"不要紧,睡一觉就好了。"

朱德微微睁着眼睛,看着母亲做针线活。母亲纳鞋底,不时把麻线从嘴里捋一下,沾点唾沫,润滑过的麻线飞快地穿过鞋底的针眼。母亲中指裹着几层布,顶着钢针戳破厚硬的鞋底。朱德见母亲中指上裹着的布被针鼻儿顶得快磨透了。一不小心,母亲手指头被针戳破了,冒出血珠子,她嘴含着手指,吮吸着,把血咽下后,再继续纳鞋底。

朱德把头朝母亲身上靠得更紧些,心情好舒坦,他觉得母亲就是一座温暖的房子,里面没有寒冷、饥饿,也没有生病,即使

朱德的早年生活

生了病,不用喝汤药,马上就会好。

这天,丁阎王又派差了,朱家的男劳力全都去了山上别墅。

晚上,天上没有月亮,也没有风,死一般地静。朱家人刚睡下,朱德陡然又发起高烧,大人们惊慌爬起来,忙作一团。潘氏说:"倒霉,世连、世林他们都不在家里,咋办?"

朱邦俊说:"我们不是人呀?不要待着了,快请先生来,孩子身上烧得烫手。"

几个女人你望我、我望你,不知谁能走夜路赶到马鞍场找郎中。

朱邦俊沉着脸想了一会,说:"我找郎中去。"

钟氏站出来说:"我去吧,不要来回跑路耽误时间,我背代珍直接看郎中去。"

朱邦俊没多想,说:"也好。"

潘氏不放心说:"你行吗?"

钟氏说:"我从小就走夜路,行。"

潘氏又说:"也是的,你身上有气力,行。"

朱邦俊说:"我跟着去,拎灯看路。"

钟氏连忙说:"不用,我一人行了。"

没办法的办法了。钟氏背上朱德,拎着马灯,朝马鞍场匆匆赶去。

天黑得像锅底,对面看不见人。钟氏踏着坑坑洼洼的小路,深一脚浅一脚地朝前走。她脚上的草鞋磨坏了,磕磕绊绊

十 一道生命的桥

不好走,她没有犹豫,脚一甩,光着脚板,朝前跑着走。

路上都是大大小小的碎石头,不停地硌着脚底,疼痛一阵阵袭来,钟氏顾不上自己,两只手紧紧兜住朱德。她心里只有朱德,儿子比自己重要,此时脚下哪怕是荆棘也会不顾,只要能让儿子不发烧、不疼痛,让她做什么都愿意。她的大脚趾被石头硌破了,疼痛像电流传遍全身,心里一抖,腿一软,打个趔趄,惊醒了背上的朱德,他叫了一声:"妈。"

钟氏两手兜紧朱德说:"没啥子。"

朱德身子缩了缩。

钟氏大步赶路,说:"不要怕,有妈在!"

朱德低声说:"我不怕。"

钟氏鼓励说:"对,不怕,代珍是男子汉,顶天立地。"

天有点冷。钟氏一路几乎跑过来,身上全是汗水。

到了马鞍场,钟氏踏着青石板进入一条老街,两边是古朴沧桑的木板房、石头房。在一家木板房门前,钟氏拍响郎中的家门,连连喊道:"先生,快开门呀。"

郎中拉开门,用马灯照了照,见钟氏头上热气腾腾,惊诧问:"咋回事?"

"我幺儿高烧不退。"钟氏急急地说。

郎中看到钟氏赤着的脚上带着血迹,说:"怎么会是这样,我给你包一下。"

钟氏说:"我不要紧,快看看我幺儿。"

郎中家里的灯火几乎亮到天亮。

朱德的早年生活

吃了药,朱德睡着了。 郎中对钟氏说:"天亮再走吧。"这话,睡觉中的朱德竟听见了,大声地说:"我要回家。"郎中笑起来:"家是好的,孩子一睁眼就知道要回家。"钟氏心里骄傲、满足之花绽开了,脸上闪耀着笑。

朱德在母亲后背上,盯着她被汗水泡湿的头发,仿佛听到昨晚那急促的呼唤声:"先生,快开门呀……"

十一　与丁阎王打官司

人有旦夕之祸，这话不假，朱邦俊想不到平白无故地与丁阎王打了一场官司。

朱德家仓房后有一片山坡，上面都是乱石头，长着乱七八糟的青草。有时候，朱邦俊到山坡上走走，看看，心想，这山坡荒废着多可惜，拾掇出来种点什么不是很好吗?

朱德也会爬上山坡，他看上了地上一颗颗坚硬的碎石子，这是用弹弓射麻雀的好"弹丸"。朱德经常到山坡上拣石子，装进衣兜里，把衣兜磨出了几个窟窿，钟氏没少对朱德唠叨："今后不许你爬后山坡，带回家这么多碎石头也不好当饭吃。"

春天里，朱邦俊带着朱德爬上后山坡。朱德跑在最前面，喊道："爹爹，你怎么走得这样慢? 快来追我啊。"

朱邦俊呵呵乐道："爹爹年纪大，追不上你呀。"

朱德拉着祖父朝山坡上爬着。到了山坡上，朱邦俊大口喘息着说："代珍，爹爹带你来不是拣石子打小鸟，猜一猜，要你干啥子?"

朱德看着地上的杂草,说:"拔草。"

朱邦俊说:"只说对一半。"

朱德问:"那一半是什么?"

朱邦俊指着乱石头说:"把乱石头搬走。"

朱邦俊带着朱德干起了活,用筐抬、用手搬,用手拔、用刀割,不知不觉中,拾掇出一块干净的地方。

朱邦俊看上了后山坡,有时在上面一坐就是半天,潘氏可劲地喊他:"还不吃饭? 上面有什么金疙瘩抓住你了!"

有时,朱邦俊宽慰地说:"全家人只有代珍好,喜欢跟我来后山坡。"

一天,朱邦俊和朱德坐在山坡上,朱邦俊问:"代珍,想在山坡上栽什么树?"

朱德手在眼前一划拉,兴高采烈地说:"栽梨树。"

朱邦俊说:"我们栽上竹子好不好?"

朱德连忙说:"好,栽竹子。"

朱邦俊说:"家前屋后有竹子,荫及子孙,家里会有奔头。古人说,'宁可食无肉,不可居无竹。'"

朱德抓起祖父的手,说:"我知道,塾馆里先生讲过,这是苏东坡的话,'宁可食无肉,不可居无竹。 无肉令人瘦,无竹令人俗。'"

"那好,我们就栽竹子。"朱邦俊站起身,拍了拍屁股上的泥土。

竹子一生中只开一次花。 朱邦俊栽竹子不是要开花,他有

十一 与丁阎王打官司

自己的心思，房后长上一片竹子多好，四季常青，人家旺，能遮风，能挡雨，能挡太阳，能有阴凉，还有竹笋吃。看看丁阎王家，就有竹园，那么多竹子，想数都数不过来。他家日子过得好，就是竹子造的福……

朱邦俊急不可耐地要栽新竹子。他带着朱德，从别处讨来新竹子，提上水桶，扛着镢头，在后山坡上栽竹子。挖坑，安放，填土，踩实，浇水，朱邦俊弯着腰，干得气喘吁吁。朱德忙得汗流浃背，索性光起脊梁。朱邦俊年岁大，干累了，用手捶打着后背，摇摇头说："年龄大了，爹爹干活不如代珍了。"朱德越干越有劲，桶里的水用完了，提桶一路小跑，到井里拎水。他不住给竹子浇水，这边刚浇上，那边就吸进了土里。他不停舀水，仿佛听到新栽的竹子大口喝水的畅快声音。

朱邦俊边栽竹子边说："竹子是见风长的东西，春天里，如果夜里下一点雨，那是疯长呀。"

朱德说："先生说，松竹梅岁寒三友，桃李杏春风一家。"

朱邦俊说："我不会说那么多诗文话，可有一点是真的，不管是'三友'还是'四友'，都少不了竹子。"

朱德说："爹爹说得对。先生讲过湖南有湘竹，说古代的帝尧有两个女儿，都嫁给尧的继承人帝舜，后来帝舜在苍梧的地方死了，他的两个妻子，就是称为'湘妃'或'湘夫人'的，没天没夜地哭，她们的眼泪洒在竹子上，后来那里的竹子上面就有着斑痕，叫作'斑竹'或'湘妃竹'。"

朱邦俊点点头："讲得好，竹子还有这么多故事呀。"

朱德说:"还有一个'竹王'的传说。古时,有一女子在河边浣纱,有三节粗竹子流到她身边,她见里面有一个男孩,于是收养了。男孩长大成人,一心为百姓做事,挥剑开山,挖渠取水,深得大家爱戴,都称他为'竹王'。"

朱邦俊说:"做到'竹王'这样不容易,做人就要做'竹王'这样的人。"

朱德说:"这叫节操、气节,竹是博大精深的,历史上好多先辈写竹子,如李清照有'庭院深深深几许,云窗雾阁春迟',王维有'独坐幽篁里,弹琴复长啸',吴均有'山际见来烟,竹中窥落日',王庭筠有'竹影和诗瘦,梅花入梦香'。"

朱邦俊说:"代珍肚子里有货了,爹爹说不过你啦。"

朱德的话收不住了,说:"爹爹,你听过嵇康的《广陵散》吗?先生说,可好听了。"

朱邦俊说:"没听过。"

朱德自语说:"我不知哪天能听到。"

一天时间,后山坡上排列着一棵棵新竹子,瘦长的新竹有的笔直竖立,有的歪斜着,新竹的枝条有弯弯的,有直直的,叶子长得稀稀拉拉。

朱邦俊说:"明年看吧,保管是一片竹林,代珍等着吃竹笋。"

晚上,在睡觉中,朱德做了一个梦,后山坡上的一棵新竹子,跳到了天上,弯成细细的月牙儿。朱德好生喜欢月牙儿,坐了上去,伸手够着天上的白云、星星。他又想起先生讲的月

十一 与丁阎王打官司

亮上的嫦娥，左顾右盼地找啊、找啊，四周静静的，什么也没有。他朝脚下望了望，后山坡是一片高大茂盛的竹林，他心情激动，正想脱口喊一句唐代刘长卿《送灵澈上人》的诗，"苍苍竹林寺，杳杳钟声晚……"突然，他头晕目眩，旋转着掉进竹林变成的大海，碧波荡漾，他遨游在竹海里，像一尾鱼。他又看到在大路上遇到的那个读书人坐在牛车上，向他频频地招手，兴冲冲地喊："这就是前方，这就是大海……"

梦是一株花，一滴雨珠就会打落花瓣。

丁阎王一跺脚，朱德的梦被震得七零八落。

没过两天，李家湾人知道朱家栽了一片新竹子，接着，马鞍场不少人也知道了。丁阎王知道朱家在后山坡上栽了新竹子，他手中的拐杖几乎戳破地皮，讪讪地骂："朱家祖宗三代种我丁家的地，到朱邦俊就成仙哪！我不信，小蚂蚱两天不见变成了水牛，走，看看去，李家湾哪一块地不是我丁家的，哪一块地成了他朱家的？不信他能翻了天！"

丁阎王带着几个家丁气腾腾来了。他拄着拐杖，站在朱家仓房门前，左右看看，阴阳怪气地说："住得不错吗，这里看风景也是好地方。"

朱家男劳力下田了，朱邦俊、潘氏、几个儿媳妇和朱德在家里。朱邦俊想，丁阎王轻易不出门，今天冒冒失失来我家要干啥子？他端凳子给丁阎王坐，丁阎王踢了过去。朱邦俊又让潘氏倒碗凉开水端过去，赔笑说："丁老爹稀客，喝碗凉开水歇歇脚。"

朱德的早年生活

丁阎王说:"水不喝了,带我上后山坡看看。"

朱邦俊心一沉,后山坡上新栽的竹子丁阎王莫非知道了,他是要来找麻烦?

朱德站在钟氏身边,看不惯丁阎王欺负祖父,拿着一根木棍,低声说:"他要敢动爹爹一个手指头,我就用棍打他。"

钟氏拉住朱德的臂膀,怕他不知深浅真的打了丁阎王。

朱德用手套着母亲的耳朵问:"他要干啥子?"

钟氏默默地摇摇头。

朱邦俊带着丁阎王朝后山坡上爬,心想:一块废山坡,没人要的地方,连兔子都不拉屎,我拾掇出来种上新竹子,碍你丁阎王啥子事? 他心里有点隐隐不安,丁阎王会不会以为这也是他家的地? ……

朱德怕祖父吃亏,跟在一群人后面,要保护祖父。

进了竹林,丁阎王二话不说,朝着新竹子挥动拐杖,打得尘土飞扬,竹子不是折了,就是倒了,一片片竹叶像受了惊吓的小鸟,四处纷飞。 几个家丁来了劲头,手脚并用,一个赛一个拔竹子,嘴里骂骂咧咧:"让你栽,让你当柴火烧。"

朱邦俊一时蒙了,气得脖子上的青筋爆凸多高,蹦跳着,歇斯底里喊道:"不许动我的竹子,凭什么糟蹋我的竹子,你们坏良心啦!"

几个家丁拔竹子更加来劲,一阵工夫,把山坡上的竹子拔得精光。

朱德气得冲上去,拉住一个家丁的胳膊,瞪圆眼睛说:"我家竹子，不许动弹！"

家丁胳膊一甩，把朱德摔倒一边。

朱邦俊拉着丁阎王，喊道："丁老爹，干啥子毁了我家竹子，你要说清楚！"

丁阎王瞪着眼："你不要装，我问，这是谁家的山？"

朱邦俊说："这山坡多少年荒废着，没有主呀。"

丁阎王说："谁说没主？我就是主人。你打听一下，李家湾有哪一块田不是我丁家、哪一座山不是我丁家的！"

朱邦俊说："不对，以前没听你说过后山坡是你丁家的！"

丁阎王冷笑道："我说是还是不是，还需告诉你吗？你糊涂了，不知道你是谁了。告诉你，你是我丁家的佃户，租我的、吃我的、穿我的，知道了吧！"

朱邦俊喊道："这山坡地是公家的，不是你家的，我辛辛苦苦忙了一个春天，刚栽上新竹，你就说是你家的，还讲理不讲理？"

"我的话就是理！"丁阎王恼怒地用手一捅，朱邦俊"哎哟"一声跌倒了。

朱德跑过来，扶起祖父，拣起石头，掷向丁阎王。

丁阎王躲开飞来的石头，看到朱德两眼瞪着自己，这是从来没有碰到过的一种恨恨的眼光，是一种要豁出性命、要杀人的眼光。他身上有点冷，退后一步，突然，举起拐杖，要抡向朱德。这时，潘氏、钟氏和几个儿媳妇惊慌地爬上山坡，围着丁阎王，七嘴八舌地说着理。丁阎王扬起脸，嚣张地说："李家湾是姓丁的！谁敢动我的山地看看，我有的是法子收拾他！"

朱邦俊受了屈辱，咽不下这口气，要打官司。

朱世连说："丁家有钱有势，我们怎能打赢啊？"

朱邦俊气得咳嗽着说："难道还能忍着这口气？这是官家的山地，不是丁家的，不能让着他，不相信世上没有一点公道。"

朱世林低下头说："我们还种着丁家的田地呢……"

朱邦俊说："一码事归一码事，租姓丁的田地他赚大钱了，怕着人家退租。"

朱世连说："我想呀，想打赢官司，靠我们一家人不够，应该找左邻右舍当证明人，都说后山坡是官家的。"

朱邦俊说："这主意不错，那找人吧。"

祖父在朱德眼中，像是竹子，腰杆挺直，愈是受压迫愈是强韧。

朱邦俊托人写好状纸，找证明人摁手印，想不到，人家像避瘟神一样，纷纷躲开了。

这些人怎能这样呀！朱邦俊没想到，平时背地里对丁阎王恨得咬牙切齿的邻人，陡地变成不认识一样。他长长地叹口气，心里清楚，人家是怕丁阎王报复。

开弓没有回头箭。一辈子忍气吞声的朱邦俊豁出去了，独自一人状告丁阎王，他要让李家湾、马鞍场人看看，朱邦俊不孬种，不是一个窝囊人，更不是一个轻易下跪的人。

开头状告就已定下了朱邦俊的输局。穷人告状任凭衙门说，黑的能说成白的，有理的能说成没理的。

十一 与丁阎王打官司

朱邦俊打官司输了，禁不住涕泪纵横，失声痛哭，气愤地骂着："胡说八道，太欺负人了……"

衙门人冷冰冰地说："哭啥子嘛，你对判决结果不服的话，可以去上诉嘛！"

朱邦俊窝着火，瓮声瓮气说："上诉，你还不如叫我去上吊呢！"

回到家中，朱邦俊病倒了。

朱德的心像一片遭了霜打的树叶耷拉着，他看着沮丧的祖父，心想：如果织布的汪爷爷在这里就好了，他知道的事情很多很多，一定能打赢官司……

这一个春季，朱德心里瓦凉瓦凉的，感觉到，世道太不公平了。

十二　风雨飘摇的家

十五岁的幺姐秋香出嫁时,朱德哭了。

秋香嫁妆简单,只拎着一个小布包袱。临出门时,秋香搂着朱德,哄劝说:"长大了,男子汉不要哭鼻子,丢人。"

朱德顺从地"嗯"了一声:"今后我不哭,我长大了,要像个男子汉。"

几个月后,朱德竟又哭了,哭声很大,代历、代凤和代炳都哭得很厉害。

一八九五年旧年除夕,李家湾的天气冷冰冰的,家家窗上结着一层霜花。

李家湾人家不多,有点冷清,不过,远处的马鞍镇、丁家大院不时响起爆竹声,还是把过节的气氛烘托得那样隆重、绚烂。

朱家没有像往年过节一样贴对联、挂灯笼,没有用菜刀不停剁猪肉馅要包饺子的热闹动静,更没有在大桌上摆上五颜六色的菜肴,要吃顿年夜饭的样子。

邻人知道,朱家今年收成不好,缴了丁家粮食后,剩下的口粮恐怕熬不过来年的春荒。

刚强的朱邦俊常叹气了。

除夕快要临近了，朱邦俊说："省着点吃，今年春节不要荤的，凑合着过吧。"

潘氏在天地、祖宗灶位前烧了香，嘀咕一句："今年连一点对联红影子都没有。"

朱邦俊扭过头，没吭气。

朱德接过话来说："婆婆，我家有对联。"

潘氏说："哪来的？"

"真有。"朱德拍着肚子说，"在这里。"他背诵起古人孟昶的题词，"新年纳余庆，嘉节号长春。"

潘氏笑起来："代珍的书没白读，说出的话就是好听。"

朱邦俊两眼里闪耀着喜色，说："嗯，人家对联贴在门上，我家贴在代珍肚子里，不外露。"

朱德说："他们对联怎能和我比，我背的对联是五代后蜀主孟昶的，是中国最早的对联，也是第一副春联。"

"真的呀。"朱邦俊闻所未闻，非常吃惊。

钟氏忙碌着，在水塘里洗衣服，到地里拔菜、拔萝卜、拔大葱什么，刷洗锅碗瓢盆，打扫屋里屋外……她想让全家人过年能穿得干净一点，有个好心情，有一点喜庆和吉祥，哪怕不能吃上猪肉，吃上瓜菜也能与平时不同，新鲜可口、有滋有味，毕竟这是全家人心里的期待与愿望！

钟氏干一把、湿一把地忙着，手冻得紫一块、青一块，手背上还皴出一道道血口子。潘氏看了，过意不去说："看你手皴成什么样，不要下水了，让刘氏她们多干干。"

钟氏仍旧像一头牛，只知道干活，任劳任怨。

朱邦俊给家里人准备了一个大火盆。

他早有盘算，今年春节吃的喝的不宽裕，就用泥做的火盆过节。泥做的火盆散热好，容易挪来搬去。过春节，不就是图个热闹，辛辛苦苦干了一年，全家人聚在一起，换一身新衣服，吃点好的，说说话嘛。朱邦俊想把火盆里的火烧得旺旺的，让全家人围着火盆，又烤火又烤吃的，孩子围着火盆玩耍，热热闹闹的。

隔着一道山湾，马鞍镇、丁家大院那边爆竹的响声还是隐隐传到李家湾，那边的天空不时被红的黄的绿的烟花照亮。

朱德的小弟代炳岁数小，经不住诱惑就要往外边跑，告诉朱德："那边放鞭炮，热闹着呢。"

朱德拉过代炳说："我没听见。"

代炳认真说："我听到了。"

朱德用手捂住他两只耳朵，说："不要听，丁阎王家的鞭炮不好听。"

朱邦俊让朱世连把火盆搬到自己正堂屋里，为火盆装火，一盆火焰照亮了屋里，温暖荡漾开来。

朱邦俊招呼道："小孩都过来烤火盆，要吃好东西了。"

大人小孩都过来了，坐近火盆烤手。朱世连拿来支撑架，给火盆做的圆圆的铁支架，把火盆套在中间，上面用来放锅，做

十二 风雨飘摇的家

饭做菜。

代炳在外面玩耍,耳朵冻僵也不知道,靠近火盆一烤,耳朵又痒又疼。潘氏用手搓揉着代炳耳朵,说:"烤一阵子就不痒了。"

朱邦俊怕孩子肚子饿了,等不及,把鸡蛋大小的土豆,埋在火盆里,不上一会儿,烧出一股糊巴香,分给他们吃。代炳脸蛋映着火苗闪着光亮,不顾土豆烫嘴,直咬,被烫得直吹气。朱邦俊拿过土豆,放在嘴边吹吹凉,说:"慢点吃,先填填肚子,马上吃饭了。"

钟氏带着刘氏端来萝卜丝饼,放进锅里油炸,把豆腐和青菜放在一起煮,南瓜煮着粥,香喷喷的气息和大人小孩的谈笑声散发出浓浓的年味,孩子们喜笑颜开,心花怒放。

朱世林把旱烟袋伸进盆中的炭火里,猛吸几下,嘴里吐出一股股浓浓的烟雾。

朱世和端来一罐酒,笑眯眯地说:"尝尝我刚酿的酒,不醉不散。"

说笑声中,朱家年夜饭开始了。

男人们谈着开春后要多种些什么、留多少稻种、养几头猪;朱世和说:"我要多酿点酒,卖到镇外去,最好卖到县里。"

朱世林多喝了几口酒,双颊酡红。

朱世禄关心说:"二哥,你少喝点。"

"喝不醉。"朱世林抿了一口酒说,"三弟,当心点,听说丁阎王盯上你了,说你酿酒掺假。"

朱世和愤愤不平地喊了一声:"他纯粹睁眼说瞎话,我的作坊才多大,碍着他家酒坊啥子嘛……"

朱世连提醒说:"丁家记我们仇了,凡事小心点没错。"

朱世林说:"我们凭出力气吃饭,不睬他……"

欢心、忧心在你来我往的喝酒间成了绕不开的话题。

孩子不知愁滋味。

代炳想着烟花、爆竹,想着压岁钱和可以在别人面前炫耀的新衣裳。

朱德和代历、代凤知道愁滋味了。家里为什么连对联都贴不起,更不要说挂灯笼、放爆竹、穿着新衣服、吃上鸡鱼肉蛋了,他们知道,全是万恶的丁阎王造的孽。朱德隐隐担忧,家里将来的日子会怎么过。

钟氏不愿意孩子心里过早蒙上生活的阴影,即便在寒冷的冬天也要让孩子感受到温暖如春,心里清澈澄净。她小声给朱德他们讲过年守夜的故事:

"古时候,每到大年三十晚上,有一种野兽叫'年',它从海里爬出来吃牛吃羊,还伤害人。老百姓为了躲避'年',腊月三十晚上,天不黑就早早关紧大门,不敢睡觉,坐等天亮,为壮胆,他们还喝酒。等年初一早上年兽不再出来,才敢出门。人们见面互相祝贺道喜,说自己没被'年'吃掉。"

代炳听了"年",紧张得两手紧紧抓住母亲的衣服,大气不敢出。

朱德端起攥紧的拳头,摆出一副要与"年"决斗的架势,

十二 风雨飘摇的家

问:"后来咋样?"

钟氏庄重、肃穆、不紧不慢讲道:"这样过了好多年,没出什么事情。有一年三十晚上,'年'突然跑到一个村子里,把一村子人几乎吃光了,只有一家挂红布帘、穿红衣的新婚小两口无事。还有几个小孩,在院里点了一堆竹子在玩耍,火光通红,竹子烧得'啪啪'地响,'年'看了,吓得掉头跑了。以后,大家知道'年'怕红、怕响声,于是家家户户就贴红纸、穿红袍、挂红灯、敲锣打鼓、放鞭炮,这样'年'就不敢再来了。"

故事讲完了,几个孩子都轻松地吐口气,眼前看不到的"年"的大地,在他们的心中铺展开来。

代炳还没有从故事里走出来,盯着朱德问:"今晚'年'会不会来?"

朱德大声说:"现在没有'年',如果有'年',丁阎王就是'年'。"

代炳吃惊说:"丁阎王是'年'吗?"

屋里人都开心地笑了。

朱邦俊说:"代珍说得对,丁阎王就是'年'。"

夜深人静,李家湾黑漆漆、冷冰冰一片,已经丝毫感觉不到除夕的味道。

谁也想不到,除夕夜里,丁阎王还会惦记着朱家人,他的管家提着灯笼,带着家丁,重重地砸响了朱家的门。

"谁呀?"朱世连不耐烦地喊道,"大年三十,这么捶门干啥!"

"啥子大年三十，开门！"管家用脚猛烈地踹门。

门开了，随着寒风冲进来一群人，歪着头，叉着腰，满脸凶相，瞪着朱家人。

朱家的大人们简直不敢相信自己的眼睛，丁阎王会在除夕夜派家丁闯进门来，气得站起身，怒火填膺对着他们。朱德兄弟们没见过这场面，脸都变色了，紧张地靠在一起，他们像雏鸟在寒风中遭受凌辱和蹂躏。

管家凑近朱邦俊，从牙缝里哼笑几声："朱邦俊，还有心过年呀，欠丁老爹那么多的租子怎么办？"

一切发生得这样突然，朱邦俊抖颤着心肺对管家说："不是和丁老爹说过了吗，他也看到了，今年收成不好，欠的租子明年还吗？"

管家皱着眉头，"哼"一声说："不行，丁老爹说了，你们欠的租债一定要还清！你家租的田全部收回，已另外招客了。仓房就不要住了，明天早上卷起铺盖走人！"

朱家人一听，好似晴天霹雳当头一击，一家人像掉到冰窟窿里，浑身发凉。朱邦俊耳朵里轰了一声，身子晃了晃差一点没站住，他瞪着管家说："大冷天里，你让我们搬哪里去？"

管家说："这我问不着，我明天非拿房子不可。"

朱世连心沉重得像坠上一块石头说："能不能再商议一下，我们朱家是老佃户了。"

管家一挥手："哪来的废话，没有商量余地，明天赶紧收拾收拾滚出去。"

十二　风雨飘摇的家

··· 105

朱家不知哪个女人先嘤嘤哭了,这像火星点燃炸药爆炸起来,引得几个女人都号啕大哭了。潘氏浑身打哆嗦,数落道:"伤良心啊,大过年的,你要让我们家大人小孩冻死在外啊……"

钟氏眼上挂着泪珠,却没有哭,不停地劝两个妯娌:"不要哭,哭死了也没用,他们不会让我们住下来的。"

朱世林全身热血沸腾,心在胸膛里乱撞,喊道:"姓丁的,你事情做得太绝,不会有好下场!"

朱德眼里闪烁着泪光,心如针刺,攥紧拳头,咬紧牙齿,心里发誓:长大了,我一定要找丁阎王这个"年兽"算账!

仓房里充满惶惶不安的气氛。

"我已经告诉你们了,你们不赶快搬,到时不要自找难看!"管家逼视着朱邦俊,说出的话像石头重重砸着朱家人的心。

朱世和经受不住这样的欺凌,眼中的眸子气愤得像要爆裂出来似的,身上的每一部分都在颤抖,激愤地说:"我们不搬,你们谁动仓房里东西看看,我让他走不出门!"

朱世和的声音像响雷,震颤着每一个人。

朱德看到三爸朱世和手中攥着一把锋利的砍刀,像就要劈向管家的脑袋。他又惊又惧又热血沸腾,为三爸的无所畏惧、一身胆气而感到豪壮、受到振奋。他想到了太平天国中当过兵的织布汪爹爹,觉得三爸像太平天国中的翼王石达开、像天王洪秀全,是天下最勇敢的人。他满怀豪情地想:我们朱家人并不是那么好欺负的,拳头也是硬的,不怕那些不讲道理、专门欺负

朱德的早年生活

穷人的"年兽"!

朱德看到祖父抱住了三爸,夺下了砍刀,三爸像暴风雨中的一棵庄稼耷拉下头。他的心激烈地跳动,抱怨祖父,为什么要抱住三爸、夺下他的砍刀……忽然间,他看见了家丁们手中拿着的枪,对准着三爸、大爸和父亲……

朱德的手脚变得像冰一样凉,在凛冽的风雨中,他显得这样弱小,没有一点自卫、反抗的能力。

"有种朝枪口上撞呀!"管家冷笑着,手胡乱指划着喊道,"你们姓朱的全家好好听着,把我好心当驴肝肺,你们既然不仁,那就不要怪我不义了,我现在传丁家老爹的话,让你们现在就搬出丁家!"

仓房里响起女人的哭声、尖叫声、骂声……

管家指挥着家丁道:"朝外扔东西!"

家丁们七手八脚朝门外扔锅碗瓢盆,扔桌子、凳子……

管家喊道:"你朱家缴不起租子,把牛、猪、鸡鸭和粮食都给我留下来。"

…………

马鞍镇、丁家大院那边又噼噼啪啪炸响鞭炮,五彩缤纷的烟火点缀得夜空是那样瑰丽、华彩。马鞍镇上逢年过节登场的大戏、舞狮子、耍龙灯登场了,灯火辉煌,笑声迭起,热闹非凡。

朱家陷在黑暗的漩涡中,寒风嗖嗖,没有住的、没有田地、没有活下去的出路。朱邦俊悲愤地发出一声长长的叹息,大巴掌一拍大腿,痛心地说:"分家,哪怕家破人亡,也不要求姓丁

十二 风雨飘摇的家

的。我们朱家人要有这个骨气，不能辱没了祖宗。"

瞬间，一家人变成了几家人，朱邦俊老两口带着朱世连两口、朱世和、朱世禄和朱德回琳琅山东麓的大湾老宅，钟氏一家在马鞍场陈家湾找活路……

一个漩涡让朱家人背井离乡，欲哭无泪。

分别这天，朱德眼中饱含泪水，舍不得母亲，钟氏替他揩去泪水，安慰道："我们还是一家人，你是妈的好幺儿，我是疼你的妈，这改不了。"

朱德伤感地问："我啥时看到你？"

钟氏脸色蜡黄："想妈就到陈家湾来。"

"嗯。"朱德用力点了下头。

钟氏望了望住了多少年的仓房，对朱德说："做人不怕穷，就怕没志气，穷是没有一辈子的。朱家只有你是读书人，要有点骨气，把书读好，将来有个功名，为朱家争口气，煞煞丁阎王威风。"

朱德胸口好像有万千斤的东西压迫，难受地紧紧抿着嘴，心里直觉得要喷血……

朱德捂着眼睛，泪水从两手间滴了出来。这是在迎接新的一年到来时，朱德看到的风雨飘摇的家……

十三　要有一个读书人支撑门面

朱世连好不容易从亲戚、朋友手中借到了二百吊钱，又把妻子刘氏从娘家带来的一副银饰典当了一百吊钱，赎回了大迁居李家湾时典当出去的三间茅屋和七挑祖业田。

没几天，朱世连对父亲说："家里再穷，也不能断了代珍上私塾。"

朱邦俊满意地点头说："就该这样，不能让下一代再挨穷、受罪。"

朱世和与父亲、大哥也想到了一起，他爽快地掏出小作坊里煮酒的钱，塞给朱世连说："大哥，拿住，给代珍上私塾，我没有大钱还有小钱，我们朱家受够了没有读书人的罪，一定要有一个读书人支撑门面。"

朱德去十多里地外、闻名马鞍场一带的席家砭私塾就学了，这年，他九岁。

席家砭私塾在马鞍镇西边三公里处的大井坝村，坐西向东，塾馆是一座破旧低矮的土墙茅屋，不太大，门前有个很高的陡坡，坑坑洼洼。席家砭的村路四通八达，绿树成荫，幽静宜人。

席家砭私塾先生叫席国珍，字聘三。席聘三是个有真才实学的人，在这个穷山沟里颇有声望，他饱读经书，刚正爽气，有胆量、有见解。年轻时，他本想走仕途，可命运偏偏与他过不去，参加两次科举考试，落了榜，就死了心，远离仕途，边种地，边办起了私塾，竟教出了几个举人、秀才。他常和穷人来往，有穷人家的孩子来上私塾，他一点不为难，收费不多，有些交不起学费的，他体谅说："没交钱的等有了钱再交，实在没钱的就不交。"

入学那天，晨雾炊烟里的席家院子里静悄悄的。

朱世连带着朱德来见席聘三。朱德悄悄地打量着席先生：他四十几岁模样，说话带着笑，个子不高，一双眼睛发亮有神，头发灰白，穿着简朴。朱德觉得他是一个和蔼的人。

这时，席聘三看了看朱德，和善地问："什么名字？"

朱德说："代珍。"

席聘三逗趣地说："这么巧啊，你是代珍，我是国珍，我俩是师生又是兄弟，对吗？"

朱世连带点歉意解释说："孩子小时起的名字，是照辈分来的，席先生能不能给再起一个？"

朱德深深地鞠躬后说："先生，您是我的长辈，给我起个好名字。"

"好，有礼貌。"席聘三见朱德这样懂事、诚恳，望着朱世连

朱德的早年生活

高兴地说,"那我给起个学名吧。"

朱世连眼里含笑:"谢谢先生,这是我家么儿一辈子福气。"

席聘三稍作沉吟,说:"玉阶,好,就叫'玉阶'吧,像白玉一样清白做人、做事,踏着台阶步步登高。"

"好,真好,我们全家谢谢先生!"朱世连带着朱德接连鞠躬,并对朱德说,"你好福气啊,一辈子都不能忘了席先生。"

朱德嘴角浮起笑容,响亮地回答:"我不会辜负先生的厚望!"

朱德长大了一点,更懂得事情了,下田种庄稼的时间更多了,一年中只剩下六七个月上私塾。

席先生家离大湾有八里地,朱德每天经过马鞍场,往东半里地,来回跑四趟,晌午回家肚子饿得咕咕叫;傍晚回家,怕天黑了,还得要快跑。

很快,席聘三喜欢上了朱德。每天,朱德总是早早到了塾馆,放下书篮,帮席先生挑水、烧饭、清扫院子,还给同学们烧茶水。席聘三问他:"朱玉阶,你怎么来这样早?"

朱德说:"我妈起得早,她告诉我,一日之计在于晨,要学的东西实在太多,要做的事情也实在是太多。"

席聘三用发热的眼睛看着朱德,这孩子,塾馆里年龄最小的学生,却讲求个"勤",勤劳、勤学、勤力、勤奋、勤思。古有匡衡"凿壁借光",祖莹"灰中藏火",高凤"潦水流麦",葛洪"卖薪买纸",均为"勤学"成大器者。今天朱玉阶利用短暂的清晨时光,做下一片事,在时间上跑到别人的前面,将来势必要

十三 要有一个读书人支撑门面

有大造化、堪大用啊！

　　这一刻，席聘三感动了，从朱德来到塾馆，这里的一切悄悄地变了，萌发着新意：一只鸟儿经常出现在门前的树上，不停"喊喊喳喳"，早早唤起床上的席聘三，唤醒沉睡的山，让山峰舒展开身姿，树叶绿得像要滴下绿汁，堰塘里的水清澄得能看见游弋的小鱼。

　　席聘三有病了。他走进塾馆，站到学生面前，脸色苍白，讲课声音沙哑、低沉。朱德看出先生病了，一声不吭地跑到药铺垭塾馆，给堂叔朱世秦讲了席先生有病的事，请堂叔能去一趟。朱世秦上山采来草药，跟着朱德赶到席聘三家里，把脉看病。

　　心灵如土地。朱德心灵的土地上没有因为贫穷而生长杂草，却长出娇媚、高贵的花朵。

　　席聘三问："朱玉阶，是你妈教你关心别人吧？"

　　朱德诚实说："是的，妈常给讨饭人做饭吃。"

　　席聘三说："你妈不简单，她是你启蒙先生，要好好听她话，照着她说的做，你的路会越走越宽。"

　　朱德告诉说："我妈住在陈家湾……"

　　一次生病，让席聘三更明白了一个塾师对孩子的责任。

　　在塾馆里，席聘三教学生写诗、练书法，他与学生答对各种形式的对联，如，描述联、比喻联、嵌字联、拆字联、谐音联。塾馆对面山坡上是一片竹林，席聘三看着竹林，稍作思索，有了灵感，脱口说出上联："门对千竿竹。"别的学生还没有反应过来，朱德已答了下联："家藏万卷书。"席聘三笑容可掬，连声赞扬："好啊、好啊。"

席聘三的儿子席景荣也在塾馆里读书，席聘三对儿子说："你要多和朱玉阶在一起玩，他读书行得很，文章做得最好。"

席聘三常常把朱德、吴绍伯，还有其他几个学生叫到家里玩，留他们吃饭。他喜欢喝两盅水酒，酒兴一上来话就多了，谈"四书""五经""纲鉴""二十四史"，讲《三国演义》《水浒》《东周列国志》。

夜晚，一切热闹声响都渐渐地平静下来，朱德和岁数大的吴绍伯到席聘三家里与席景荣读书。累了，就到外面走一走。吴绍伯和朱德最谈得来，他是书香门第后代，家里有很多书，还有个常跑成都的人给他带些"西学"回来。吴绍伯把这些书借给朱德看，"西学"成了朱德的课外读物。

朱德站在飒飒的山风里，似乎听见不久前除夕的晚上李家湾的家里传来的凄怆的哭喊声。想起那一幕，他心如刀绞，愤愤地骂一句："我要报仇雪恨！"

吴绍伯诧异地望着他："朱玉阶，你要为谁报仇雪恨？"

"为我们全家人。"朱德在吴绍伯、席景荣疑惑的眼光注视之下，讲了全家悲惨的遭遇，低沉地说，"我是个刚强的人，但想起这件事，就会难受得几乎痛不欲生。"

吴绍伯同情说："这是伤到深处了。"

世上任何东西都可替换，但，伤痕不可被替换。

朱德不忘报仇雪恨。

十三　要有一个读书人支撑门面

他要练武功。四爸朱世禄随便说了些怎样练武的皮毛，他就练。练正踢，他的腿没有踢得太高，手没有伸得太直，手掌没有撑得太平。朱世禄指点说，你这样还能练什么功。朱德一声不吭，早早晚晚地苦练。他家屋后有两棵柏树，朱德在两棵树之间捆上木棒，抓着练单杠，一次上上下下三十多个来回；他从山上抱回来一块石头，练举重，一口气能举十几下。朱德臂上鼓起结实的肉疙瘩，席聘三的儿子见了惊讶地说："你练功的吧？"

朱德拿手摩挲着富有魅力的肌肉，嘴里"嗯"了一声。

吴绍伯懂得朱德的心思，说："你是狠下心要出心里的气了。"

朱德说："我打算到山上找师父。我四爸说，想要练成真功夫，要到山上找师父，当学徒。"

吴绍伯睁圆眼睛，脸上惊奇的神情更加重了。

朱德胸间迸发出一口长气："我把心里的话全告诉你了。"

吴绍伯拍着朱德手臂，说："我支持你上山练功夫，能不能带上我同去？"

朱德说："你不能去，席先生要是知道，我也去不了。"

两人坐下来对望着，吴绍伯闷哼一声，说："我俩掰手腕。"两人右手攥到一起，朱德稍微加点力，扳倒了吴绍伯的手。吴绍伯涨红脸，甩了甩被攥得又酸又麻的手："厉害，你的手劲真大。"

只要一有空隙，朱德就跑到山上找师父去。

朱德的早年生活

山上练功夫，动的是真功夫，扎马步、俯卧撑、仰卧起坐、引体向上，练力度，打沙袋，踢木桩，砍木板。师父要求大家把腿上韧带拉开，朱德竖叉时腿一直压不下去，坐盘坐不下去，搬腿时没办法放在头上，他心一横，使劲压腿，别人压一个时辰，他压两个时辰。师父要求大家把手高高地举在头上，时不时摇晃一下，每个人手臂累得又酸又痛。有人偷懒了，被罚多做了一百次，朱德主动加倍这样练，从头做到尾，手臂累得快要抬不动，咬着牙挺住。

一天，师父给徒弟们训话："朱玉阶练功夫吃得了苦，学得最扎实、最快。我信奉'十年磨一剑''只要功夫深，铁杵磨成针'。渴望有功夫的人如过江之鲫，而愿意下功夫的人很少，朱玉阶吃得了苦，下的功夫最深。"

师父让朱德出列，给大家示范一下功夫，他两腿挪动灵敏、有力，出拳、踢脚啪哒啪哒地响，呼呼生风。大家都给朱德大声叫好："朱玉阶了不起！"

师父用充满欣赏的目光望着朱德："朱玉阶，你说说，为啥能吃苦？"

朱德昂着头说："勤能补拙，天道酬勤。工夫和功夫虽仅有一字之差，但练的过程是艰辛的，的确很苦。但我坚持住了，'工夫'到'功夫'，其实就是多了一把力。"

"听听，说得多好。"师父叉着腰，欣赏着朱德壮健的身体，询问，"朱玉阶，知道练功、习武最高境界是什么吗？"

朱德回答干脆："武止戈也。"

十三　要有一个读书人支撑门面

师父笑了，快意地说："说得对，练功夫、习武是我们祖先的骄傲，是中华民族的荣耀。从武功来看，千百年前，中国的祖先就把它推向了顶峰……"

师父想要徒弟们把功夫练得像朱德一样过硬，懂得练功的意义，就说："朱玉阶不仅功夫过硬，而且文武双全。你们不能只会练功夫，当个粗人，还要通文墨，才能把功夫发扬光大。"

上山拜师学了功夫，朱德更加懂得读书的好处。

十四　先生为什么有泪光

席聘三给学生们展示了一个新的世界，在学生面前，他不是高高在上的长辈和先生，而是细心为学生解答的良师，学生要什么东西他就讲什么东西。他还讲数学和西学。吴绍伯的家人从成都带回了北京译学馆出版的一些西学教科书，席聘三看不懂，把朱德、吴绍伯找来，加上席景荣，在油灯下一块读写、琢磨几个时辰。朱德惊奇的是两个地球仪器，知道了有个地球，还是圆的，上面有"五大洲""四大洋"。他如梦初醒地说："世界这样大哇！"

朱德十二岁，读书多，背得也多，出口就是一大串。

朱德常常被席聘三的讲话惊骇了。

在塾馆里，席聘三瘦弱、满是皱纹的脸上飞扬着激情，下巴上的胡子抖动着，一双看着学生的眼睛，像是眺望着灰雾中苍茫的山川田野，目光如火似焰炽热地燃烧，大声说道："我们都赞叹、颂扬周朝，它有八百年的历史，它结束了一个时代，又开启了另外一个时代，可以说，周朝之前的中国人是一个样子，周朝之后的中国人是另外一个样子。而我们拨开历史的云雾，去窥探这个已经远离我们的时代，就会发现这个王朝，阴谋诡计比任何一个朝代都更加腥风血雨；崇文而又尚武，谦恭而又桀骜，道德与劣行并进，君子与小人同行。"

一片无比辽阔的疆土、一个高阔深远的天空，渐渐展现在涉世未深的朱德眼前，他被席聘三发自内心的激烈、慷慨的话语震撼着，这些闻所未闻的话，让他既醒神又惊心。

席聘三动了真情，掏心地说："我看不上周王朝一些称王称霸的英雄，'春秋五霸'齐桓公、宋襄公、晋文公、楚庄王、秦穆公，他们有几个是在为天下苍生着想，要为百姓过上太平生活来打天下，都是挂着仁义道德，替天行道，普济天下民生的旗幡，其实呢，想的是一己私利，争权夺利，你倾我轧，鱼肉百姓，倒霉的都是百姓群众，饥寒交迫，流离失所……"

朱德看着席聘三，想着中国厚重、沧桑的历史，纣王帝辛暴虐、秦始皇焚书坑儒、汉武帝刘彻穷兵黩武、隋炀帝杨广荒淫无度，他还想到丁阎王用拐杖抽打自己的祖父……

朱德看见席聘三灰白的头发脱落不少，脸上一条条皱纹曲曲弯弯，觉得那些皱纹像是先生走过来的路。是呀，他连一个秀才都不是，从二十几岁教书，到现在已是四十多岁，仍然是一介布衣白丁，但是，他有着一个强大的内心。这时，朱德看见席聘三额头上一绺头发落到眼前，似乎想要遮住他的眼睛，他用手拿开头发，让目光无遮无挡，看到想看到的地方。

席聘三眼中发出愤慨，脸上也扬着愤慨，一字一句痛斥贪官污吏,"中国历朝历代都有贪官,有的小贪敛财敛色,有的大贪杀人夺权。 知道严嵩是谁吧,明代了不得内阁宝座。 他们父子俩控制吏部兵部受贿,号称'大丞相、小丞相'。 严嵩由于受到嘉靖皇帝的青睐和重用,骄奢霸横,收受贿赂成为常事。 严嵩的儿子严世蕃更是个敛财高手,卖官鬻爵,胡作非为。 嘉靖四十四年皇帝下诏将他们二人重新逮捕入狱,抄其家,得黄金三万两千余两、白银二百零二万余两,其他房屋、土地、珍宝、金银首饰、古玩、字画、玉器、服饰、家具无数,几乎超过了皇室的珍藏。"

朱德看见席聘三眼中有泪光,他想,席先生为什么有泪光呢? 正这样想着,听席先生又说:"这坑挖得多大、多深啊,一个国家能经住这样地挖吗!"

席聘三列数着贪官,有东汉梁冀"跋扈将军"家财三十亿、东汉王温舒大肆杀人以权换钱、北宋蔡京的假账领双份的宰相俸禄、南宋右丞相"光明正大"地卖官、唐朝元载就连胡椒也贪六十四吨的丢人事情。 说到清朝的贪官,席聘三更是骂得狗血淋头,"和珅聚敛财富之多,在历代文武大臣中首屈一指,他的确是中国有史以来最大最富的贪官。 嘉庆下谕,定了和珅二十条大罪,其中讲和珅的财产有:夹墙私库有金三万两千余两,地窖内藏银三百余万两。 另外,档案记载,和珅还有取租之地一千二百六十余顷、取租之房一千余间,以及大量珠宝玉器衣服书籍等等,数量之巨大,前所未有。 有的说,抄没清单所列106号中的25号,即折算成银二十二亿余两。 有的说,赤金元宝一

十四 先生为什么有泪光

百个，每个重一千两，估银一百五十万两，赤金五百八十万两，估银八千七百万两，元宝银九百四十万两，白银五百八十三万两，苏元银三百一十五万两，当铺七十五座，本银三千万两，玉器库两间，估银七千万两，地亩八千余顷，估银八百万两。"

朱德听了，震慄地站起身，不理解地说："他贪这么多钱用得了吗？难道只是为了把官家的钱从皇宫里放到他家，换一个地方放着？"

席聘三说："用不了也想贪，用钱填补他们内心深处那个欲望的黑洞。同学们，这些白花花的银子，全是百姓的血汗啊！一个皇朝到了这种地步，会变得无可救药。"

吴绍伯问："天下有没有真正的清官？"

朱德说："当然有，文天祥就是的，他出身于豪门显贵，什么富贵都见过，当忽必烈对他威逼利诱时，一点用处都没有。"

吴绍伯问："当下还有贪官吗？"

席聘三严峻的声音震荡人心："有官场就有贪官，朝廷有贪官，四川的衙门也有贪官，像当下朝廷这样几乎无官不贪却是极为罕见的，贪污受贿成了无所不在的风气。京官普遍受贿，下层官吏贪污中饱非常普遍。"

朱德内心无比忧愤地问："朝廷难道没人管吗？国家糟蹋成这样，眼看着没救了，皇上看不到吗？"

席聘三说："明朝言官多争意气，今朝言官多因贿赂，当下行贿受贿已成为官场习惯，人人如此，法理和是非界限已经模糊，可耻之甚！"

朱德不作声了，脸上难过的表情看出他内心深处的绞痛。他突然带着怀疑自语地说："这是什么朝廷？"

吴绍伯添了一句："上梁不正下梁歪。"

"难怪丁阎王无恶不作没人管。"朱德失望地叹息一声。

席聘三激动地说："常言道'读史可以使人明智，鉴以往可以知未来'。先生对你们说这些，是要告诉你们，未来不会像想的一样简单，读历史到深处，你们一定会明白，是要使你们有更大的自由和能动性去创造未来。"

席聘三，一个小老头，一个奇特而又卓尔不俗的人，矗立在朱德的心中，矗立在那个黑暗的时代里。他凛然大胆地挑战现实，冲破封建堡垒，发出自己的声音。他用卑微的身份，高贵的头颅，满腹的学识，不屈膝报考科举，在黑暗的天空划出一道闪电。

席聘三的话语像闪电震荡、照亮着年纪幼小的朱德。

一八九六年的中国泡在泪水中，全是辛酸的事情。

如果不是席聘三说出来，朱德哪儿知道一八九六年正值中国在甲午战争中失败后的第二年——中国正面临着被世界列强的瓜分。清政府在新兴的日本军国主义的打击下，可耻地屈服。清政府的腐败无能完全暴露出来了。接着，又发生了八国联军之役，签订了丧权辱国的"辛丑条约"，中国好似一个奄奄一息的巨人。帝国主义列强，如同一群饿狼，争先恐后向中国扑来，恣意撕裂这个巨人的肢体，吞噬它的血肉。

席聘三爱喝白酒，一小碟盐脆花生水青豆、一小碟潘氏豆腐干，还有一小碟胭脂萝卜，他就能喝得吱吱哑哑，津津有味。

十四　先生为什么有泪光

每顿喝酒,他不多,牛眼大的小酒盅喝上四五下,就有点微醺。文人与酒都有交情,因为文人有不一般的想法,与现实生活离得远,实现不了,就会有苦痛,喝了酒,尤其是有些微微的酒意,人发飘时,就忘了、洒脱了。

席聘三也劝学生喝酒,说:"古来圣贤皆寂寞,唯有饮者留其名。"

朱德见席聘三喝过一次猛酒。那是说到"亡国"时,"八国联军"进京,清朝失败后,更公开地卖官贿爵,四川官场腐败黑暗,做官的压榨老百姓是常事,卖官也成了常事,买一个县知事,就要几十万块,他做上一任就要搞一两百万走。土豪劣绅都像小说书上写的那样欺压百姓,农民生活在水深火热之中。尤其说到国外经济的侵略已经因为长江交通的便利,深入到四川来了,席聘三失望到了极点,接连喝下四盅酒,拿手揉着含泪的眼睛,伤心地俯身桌上,喃喃自语:"懂得吗,四万万赔款。这些钱都是赔到地主农民头上来,地主他们就作为加租的理由,加到你们父母身上了。"

几个同学悲愤、仇恨、忧伤、哀愁、空虚、失望……

好难受! 朱德端杯呷了一口酒。

吴绍伯接连喝下两盅酒,说:"与尔同销万古愁。"

朱德从濒临破碎的心境中走出来,说:"喝醉了有什么用,外国人的船照样开进四川,我们要想办法……"

席聘三抬起头说:"官逼民反,你们听说过义和团吧?"

朱德说:"我知道,他们杀洋人。"

席聘三说:"当时流传一句话'义和团起平原,不到三月遍地传'。义和团干啥子那么多人响应,声势浩大?因为穷苦人受够了压迫,忍受不了,自发拿起刀枪,保卫自己,保卫家园。"

朱德皱着眉头说:"可惜输了。"

席聘三说:"虽然败了,但动摇了朝廷,让平时作威作福、欺负穷人的富人都怕了,知道穷人不是好欺负的。"

席聘三眼里烧着一团火,越烧越旺,他说:"一个国家没有尊严,还叫国家吗!我们要反对列强侵我中华,复兴救国……人不做事业就没有什么用。"

朱德问:"怎么复兴救国、怎么做事业?"

席聘三眼中闪耀着希望的光芒:"有人救中国,读书人只要在,中国就会有救。我看了《时务报》几篇文章,有梁启超的《变法通议》,振聋发聩、耐人寻味啊!公开主张学西学、废科举、兴学校、育人才,这是要变法,维新变革,挣脱传统事物与文化的束缚。"

朱德感到新奇而兴奋:"真能这样吗?"

席聘三说:"梁启超是何等人物,大学者,一呼百应。大学者康有为是他的先生,康有为天不怕地不怕,敢于直接给皇帝上书的。他俩发动了公车上书,邀集一千多名举人联名上书朝廷,要求拒和、迁都、实行变法。"

朱德死死盯着席聘三,问:"啥是'公车上书'?"

席聘三说:"'公车上书'的'公车',指的是公车府,是汉代负责接待臣民上书和征召的朝廷办事处。有个典故,汉武帝时，齐地人东方朔喜欢古代流传下来的书籍。他广泛地阅读了诸子百家的书，因此学富五车，满腹经纶。他到长安后，到公车府那里给皇帝上书，共用了三千个木简。公车府派两个人一起来抬他的奏章，才勉强抬得起来。武帝花了两个月才读完东方朔的奏章，读完后龙心大悦，下令任命东方朔为郎官。"

吴绍伯惊异地张大着嘴："他们本事都大啊。"

席聘三说："康有为、梁启超有一个故事，康有为比梁启超大十五岁，只是一名监生，而当时梁启超刚在广东乡试中考取第八名举人，少年有为；按照科举习惯，梁启超中举在先，应是康有为的'前辈'，所以梁启超心中自然有些沾沾自喜。二人第一次见面，康有为以'大海潮音，作狮子吼'，当头棒喝之后，让梁启超一时不知所措，后来大彻大悟，以前所学的不过是应付科举考试的敲门砖而已，根本不是什么学问。他毅然决定拜康有为为师。"

朱德和同学们想到了席先生两次科举考试不中竟与康有为有相同之处，一个大师、一个眼前的塾师，他们的经历和学识让他们今天懂得，科举不是将来唯一的出路，没有功名也能有大学问、大作为……

席聘三从学生们眼中流露出的惊奇、猜疑、钦佩，不由得暗想，他们是联想到自己两次科举考试不中了。他心中有一种从未有过的轻松、愉快，调侃说："我高攀康有为了，我们都有两次科举考试不中的经历。"

学生们全都由衷、开心地笑了。

朱德的早年生活

席聘三精神亢奋地说:"梁启超的文章公开发表,代表着民众一种舆论和社会思潮的萌发。梁启超的文字虽浅显,却流畅,阐述重大时事深刻有理,文章带有感情,有很强的鼓动性。例如,他指出:中国要强盛,必须进行变法,'法者,天下之公器也;变者,天下之公理也。大地既通,万国蒸蒸,日趋于上。大势相迫,非可阏制。变亦变,不变亦变。变而变者,变之权操诸己,可以保国,可以保种,可以保教。'他把历代帝王斥为'民贼',认为'君权日益尊,民权日益衰,为中国致弱之根源'。他满怀信心地说:'西人百年以来,民气大伸,遂而勃兴。中国苟自今日昌明斯义,则数十年其强亦与西国同,在此百年内进于文明耳。'"

一席话,从席聘三胸腔中迸出,像匕首刺向清廷。话锋一转,他激情似火地说:"要能做事业才能救世界,不能救世界便没有道路好走,要做事业,你们当下把书读好,有了真才实学,将来才能救国救民。"

吴绍伯问:"有更捷径的路吗?"

席聘三说:"神仙不是人做的事情,那是没有路走的人去做的。"

朱德脸上荡漾着青春的光彩,想着寻找救国的道路,暗暗地思忖:状元是点不成的,这样的文章,不知哪一年才点得上。他想起那个坐牛车、戴眼镜的读书人说的话,前方有大海。他像听到了前方的呼唤声,既然有一个大世界,去看看就好了。

十五　跟着席先生回到私塾

朱世连想让朱德退学。

朱德正在为大爸的想法忧愁、苦恼时，这时，一群浩浩荡荡破产的农民吃"大户"人涌向席聘三家里，这给他很深的一个刺激，不由想到自己穷得眼看就要揭不开锅的家。他愁眉苦脸，"唉"口气："咋个办呀？"

庚子年后连年天旱，田里几乎颗粒未收，饥饿的灾民穿着破烂的衣服，男男女女，扶老携幼，来要吃的，给他们米就走……有的地主去报了官，来了百多个官兵，拖着辫子，端着马枪，把吃大户的打了，四五十里血水成河……

同学们吓得全都跑回家里。

朱德也跑了，不过，他是掏不出继续上私塾的费用离开的。

吃"大户"的人群围满塾馆门前，席聘三的儿子数了数人头，惊恐地说："数不过来，像蚂蚁一样多，起码有七八百人。"

吴绍伯说："一人一张嘴，有座大山都能吃光了。"

朱德脸上呈现一种从没见过的凝重表情，说："这怪谁，是天灾还是人祸？我看是三分天灾、七分人祸，是朝廷的腐败、四川官员的欺压，造成乡村百姓食不果腹，民不聊生，背井离乡。这样的朝廷和大大小小的官员要了有什么用处，不如不要更好。"

朱德的话，像铁锤在席聘三心头上狠狠地捶了几下，让他眉毛惊得跳了跳。他心里回响着朱德的话，这不正是他所思、所要倾诉的心里话吗？这个世界、这个四川、这个马鞍场，像这样下去，恐怕真的是要玩完了。

席聘三从心底里为少年朱德有这样不一般的尖锐思想而感到高兴，为他这样快的成长而感到欣慰。同时，在黑暗的现实面前，也隐隐担忧着他的未来出路。

他对朱德说："朱玉阶，你年龄小，还有很长很长的路要走，不该说的话不要说，不该做的事不要做，万一官方知道可不得了呀，不像我已是黄土埋到脖子根的人了。"

朱德没有害怕，大声说："社会烂成这样还不让说啊，我不怕！"

席聘三从朱德身上找到了一点自己年轻时代的影子。

朱德要离开塾馆，席聘三没有答应，他舍不得他走，动了真情："你不用付费，留下来。"

朱德还是要走，他知道席聘三全家靠着教书收费过日子。

他挥挥手，走了。

席聘三看着朱德远去的背影，晃着头，嘴里嗫嚅道："这娃子，心气太大，说走就真的走了。"

十五 跟着席先生回到私塾

··· 127

朱德眼中含着泪水离开塾馆的。

他没有直接回大湾的家里,而是沿着弯弯的、坎坷不平的山路,赶往陈家湾。

他想到了母亲。他想,母亲一定会想法帮助他,让他继续上私塾的。朱德依恋着塾馆,离不开塾馆,离不开像阳光般照耀着他的席先生,离不开自由、活泼、敞开胸怀大笑的同学,这不,才刚离开一阵子,他五脏六腑像被掏光一样,空荡荡的。

拐过两座小山,走过一条河,就是陈家湾,几户人家随便散落在山脚下。

推开院门,钟氏正在纺线,朱德叫一声"妈"。

钟氏急忙站起来,拍打着身上的灰尘,面带喜色说:"代珍回来了!"

朱德拉住母亲的手说:"妈,我不是早改名了,叫玉阶吗?"

钟氏喜悦地抹着眼泪:"瞧我的记性,对了,不叫代珍,叫朱玉阶。"

钟氏给儿子做饭吃,朱德嗅着瓜菜糊糊的甜香味,激动说:"好久没吃妈做的饭了。"

"吃吧,吃饱了,锅里还多着呢。"钟氏瞧着儿子狼吞虎咽的样子,她觉得他脸上瘦了,就用手摸他的脸。他觉得母亲的手摸在脸上是那么柔顺、舒服。钟氏絮叨道:"又是熬夜读书,脸上瘦了一圈,一点不爱护身子,没有好身体,有天大的本事也没用。"

朱德伸出胳膊，弯曲着肘子，让母亲看鼓起的肌肉，豪壮地说："你看看，我棒着呢，同学中年龄最大的吴绍伯和我掰手腕，他都输了。"

"我的玉阶行呀。"钟氏拿出一只碗口般大的梨，让朱德吃，说，"我在山上找到的，奇怪得很，树上的梨全被人收了，只剩下这一个，挂在树叶中没人看见，还是一个不小的梨，我一直给你留着，快吃了，你喜欢吃梨，几次差点被代炳找出来吃了。"

朱德拿着梨，恍然想起代炳："哥哥弟弟去哪了？"

钟氏说："下地了。"

朱德不肯吃梨："留给哥哥弟弟吧。"

钟氏说："你是读书人，熬更打点肯吃苦，你吃吧。"

朱德拿着梨，咬一口，看见母亲眼角有泪光，觉得那泪光是幸福的，也是辛酸的。

朱德让母亲咬上一口梨，母亲执拗不过，只是轻轻地咬了一小点的皮。

朱德把大爸想让他退学的事告诉了母亲，这在钟氏心上戳了一下，她低下眼睛说："你大爸也是没有法子了……"

朱德的脚尖踢着地上说："我还想上席家砭私塾。"

钟氏没有说话，目光向着远处。朱德盯着母亲的眼睛，心想，她在看什么，远处只有低矮的山和树，别的什么也没有啊！

朱德不知道，母亲是在眺望自己的亲娘家，隔着一道道的山、一条条的河，她看到了嫡亲的父母，她想赶过去，给三儿子凑点上私塾的钱。

十五　跟着席先生回到私塾

是呀，可怜的天下父母们，为了孩子，他们什么都愿意去做，哪怕是掏心摘肺……

钟氏从亲娘家里没有凑来多少钱，她拖着沉重的双腿赶到大湾，把从几处凑来的钱交给了朱世连。

穷人的泪水都是咸湿的，穷人的心都会想到一起。

席聘三也赶到了大湾，还背来半袋粮食。

朱世连感动地拉着席聘三坐下来，不好意思说：“怎让你席先生送粮食来，我应该孝敬你才对呀。”

钟氏笑着推了下朱德，说：“快给先生行礼。”

朱德给席聘三恭恭敬敬行个礼，站在一边低下头，默不作声。

席聘三望着朱世连，说：“不要客气了，我是来带朱玉阶回去的。”

朱世连脸上带着愧色，支吾说：“席先生，你是个好人，我知道你平时待我家玉阶好，可是，我……”

席聘三插话说：“我知道你要说什么。我对你们说，朱玉阶读书肯下功夫，爱思考，为人正直忠厚，必成大器。”

朱世连说：“我拿不出费用，凑了几家也不够……”

席聘三说：“我不要你们费用，如果有口粮就带上，没有口粮就算，让朱玉阶回去。我们一起咬紧牙关，帮助孩子完成学业。”

钟氏感动说：“先生是我家的贵人，玉阶有福气啊。”

朱德慢慢地抬起头来看席聘三，从他那目光中看出一种迫切的期待。朱德有点惭愧，不好意思面对那目光，又急忙地低下了头。

朱世连回到里间，拿出掖在被子下的几个钱，送给席聘三。席聘三躲闪着、推让着说："我说不要你的费用，那就绝对不收一文钱，我要的是人才，不是钱财。"

先生，是让学生站在肩头上摘取星星的人。

席聘三见朱德脖子上粘着一根小草，把它拿掉，又帮他整理好衣领，平静地说："走吧。"

朱德背上口粮，跟着席聘三出了家门。席聘三用手抚摸一下朱德黑油油的头发，眼中露着欣慰与抚爱。朱德望了望席聘三，对他笑了笑，想说句感激的话，不知为什么，却没说出来。他心里装着满满的感激的情意，因为席先生的到来，自己才能又重新回到塾馆。朱德明白了一个先生对学生的深爱，知道了人间是有真情的。

他俩大步往回走。朱德这一走，走出了成长的新境界。

席聘三把朱德当成了自己的孩子，让他住在家里，和席景荣住一个房间。朱德像在自己家里一样自由、放松，帮助席聘三在园地里种蔬菜、在菜园下竹林坡挖吃水井，从家里找来香椿树栽在井边。席聘三对学生学业抓得紧，布置的书若背不出来，责罚时不留情面，做文章、作诗有一点马虎要重新来做，不能交卷时，一逼，也就拿得出来了。吴绍伯他们读书、笔记，常常到深夜，第二天读书晕头转向记不牢。朱德不这样做，晚上到时要睡觉，早上按时起床。席聘三说，朱玉阶这样读书习惯好,大家要向他学习。 朱德靠自修,开始学数学,小时学会的打算盘,这时帮助大了,增强了学习数学的记忆,反应特快,演算题目轻而易举,没有什么阻拦,一直学到比例、开方。

席聘三常讲"枕戈待旦""闻鸡起舞""精忠报国"这些故事,说得生动活泼,启迪思想。 他讲"闻鸡起舞"和"枕戈待旦":"西晋人祖逖和刘琨,都是性格开朗、仗义好侠的志士。年轻时不但文章写得好,而且都喜欢练武健身,决心报效祖国。当时,晋朝表面上还管辖着中原大地,但实际上已是内忧外患,风雨飘摇了。 祖逖和刘琨一谈起国家局势,总是慷慨万分,常常聊到深夜。"

席聘三讲得声情并茂、深入浅出、举一反三:"一天,祖逖又和刘琨谈得十分兴奋,刘琨不知什么时候睡着了,祖逖却久久沉浸在谈话的兴奋之中,不能入睡。'喔,喔,喔——'荒原上的雄鸡叫了起来,祖逖一跃而起,踢醒了刘琨:'听,这雄鸡啼鸣多么振奋人心呀,快起来练剑吧!'于是,两人操起剑来,在高坡上对武。 从此,他俩每天清早听到头一声鸣叫,一定来到荒原上抖擞精神练起剑来。 刘琨被祖逖的爱国热情深深感动,决心献身于国家。 一次他给家人的信中写道:'在国家危难时刻,我经常枕戈待旦(枕着兵器睡觉等待天明),习武健身,立志报国,常担心落在祖逖后边,不想让他起在我前面!'"

听了故事,朱德早上起来得更早了。

朱德也会给吴绍伯他们讲故事,什么"卧薪尝胆""悬梁刺股""舍身取义""礼贤下士""一饭千金"。 席聘三有时问道,谁给你讲的故事？ 朱德用非常了不起的口气说：我母亲。

朱德常讲"卧薪尝胆"的故事："越国国王勾践被吴国打败回国后，立志发愤图强，准备复仇。 他怕自己贪图舒适的生活，消磨了报仇的志气，晚上就枕着兵器，睡在稻草堆上，他还在房子里挂上一只苦胆，每天早上起来后就尝尝苦胆。 他还让门外的士兵每天提醒他：'你忘了三年的耻辱了吗？'他派文种管理国家政事，范蠡管理军事，他亲自到田里与农夫一起干活，妻子也纺线织布。 勾践的这些举动感动了越国上下官民，经过十年的艰苦奋斗，越国终于兵精粮足，转弱为强，一举打败吴国。"

席聘三笑着问朱德，"为什么喜欢讲'卧薪尝胆'，我都听你讲三遍了。"

朱德想都未想就说："国家都腐败成这样，我们光是愤怒有什么用？ 要卧薪尝胆，不能荒废大好时光，不能耽误读书。 我们每天要精进自己的学业，让自己更强大，将来救国救民。"

席聘三的心火被朱德烧起来：多好的学生，小小年纪就有一颗爱国的心，像一团火，熊熊燃烧，风吹不灭、雨淋不熄……

席聘三的家里经常过往一些人，他们围坐灯下谈论天下大事。 席聘三喊来朱德、吴绍伯和席景荣坐在一边旁听，只是不许讲话。

他们讲的话都是朱德没听过的。 席聘三也会大胆说："中国的教育不是启迪人思考，而是规定'你必须这么想'。 不是教人如何分析问题，而是规定'这就是答案'。 中国教育不改变，

十五　跟着席先生回到私塾

人种都会退化。"

有的人神秘兮兮地透露说:"知道公车上书内情吗?《马关条约》内割让台湾及辽东,赔款白银二亿两,在北京应试的举人晓得消息,群情激愤。 台籍举人更是痛哭流涕。 康有为写成一万八千字的'上今上皇帝书',十八省举人响应,一千二百多人连署,十八省举人与数千市民集'都察院'门前请代奏。"

他们眼光异样,发出了惊呼声。 有人说:"我也听说了,上书被朝廷拒绝,但在社会上产生了巨大影响。 之后,康有为他们以'变法图强'为号召,在北京上海等地发行报纸,宣传维新思想。 严复、谭嗣同亦在其他地方宣传维新思想。 之后,光绪帝启用康有为等。"

有人耸耸肩膀,又是好气,又是好笑地说:"前几年,云南发生一件'马嘉里事件',英国驻华使馆官员马嘉里等人到云南'考察',与当地民众发生冲突而被杀,酿成严重外交事件。 最后以清廷与英国签订《烟台条约》屈辱了结。 条约要求清廷须派员前往英国'致歉',遂有郭嵩焘以中国首任驻英国公使的身份出使英国一事。 同行的还有副使刘锡鸿,后改任清廷驻柏林公使。"

有的人神情茫然而无可奈何说:"这本该是近代国人详细了解西方的大好机会——无论是将其当作敌人,还是学习的对象,最基本的了解都必不可少。 但遗憾的是,郭嵩焘与刘锡鸿,这两位传统士大夫面对西方人,却采取了两种截然相反的态度。 最后,刘锡鸿得胜还朝,郭嵩焘则收获了万夫所指。 不说了,没意思。"

朱德听着,有时惊悚,有时好奇,有时痛苦,有时也叹息。但,来自外面的消息,让他恍如从深山里走出来,进了人群,眼界洞开。

事后,朱德对席聘三说:"西方国家靠科学富强,为啥我们不能提倡科学?"

席聘三用赞赏的眼光看着这个肯动脑筋的孩子,可对他提的问题,一脸难色不好回答。

在偏僻的山坳里,朱德开始思考寻找救国道路,滋长着一个思想:要走出去,看看外面世界……

十六　找水，成了朱德的心事

一九〇〇年夏天，马鞍场大旱。

十四岁的朱德跟着人群到几十里外的地方把水运回家，一路走来，看到庄户人把长有半人高的活活干死的玉米无奈地拔掉。每天天不亮，朱德就拉着一辆装着大木桶的车子出发，晌午才回来，脚上走出了大水泡。朱世连看了，心疼得不让他去拉水，自己要去。朱德拦住大爸，不容辩解地说："爸，你在家，这都是幺儿的事情，脚上有点水泡怕啥？凡是拉水的人谁脚上没有几个水泡？"

朱世连给朱德挑了脚上的水泡。

因为缺水，水就显得比粮食还要珍贵，朱德朝庄稼上浇水，这边浇上去那边就干了。朱德家人用一瓢水蘸着洗脸、洗眼，用过的水不倒，给猪、牛喝。一瓢水，刘氏洗洗涮涮用三天。朱世连舍不得用水，晚上睡觉不洗脚。朱德见了，心里不安地说："水尽管用，我明天再多带上一个桶就行了。"

塾馆不上课了，吴绍伯到处走动，看外面新鲜的东西。他赶来看朱德,见他像一头驴一样跑下很远的路拉水,皱着眉说:"大湾这地方不行,我家那儿就不干旱,山上有水泉。"

朱德看着他的脸说:"真的?"

吴绍伯说:"不信的话,你跟我去看看。"

朱德望着逶迤青翠的琳琅山,想着说:"我们大湾山上有没有水泉呢?"

吴绍伯说:"肯定有,这么大的山能没有吗?"

找水,成了朱德的心事。

水是泪的前生,泪是水的今世。不缺水的时候,把它看作只是身边无足轻重的一点影子,金贵的时候,一滴水在心上重得抬不起来。

找水哪是简单的事情!

朱德早上拉水,午饭后就想找水。吴绍伯说:"我帮你一起找水。"

"真的?"朱德用玩笑的语气说,"你这个书香子弟能吃这苦?"

吴绍伯拍打着朱德的肩头,笑道:"你别门缝里看人——看扁了,哪让我们是兄弟呀。"

那些天,天气干热,山上树林里半点风丝没有,树叶一动不动,闷热得心慌。

朱德担着一根扁担和两只木桶,与吴绍伯一会儿过沟,一会儿爬坡,汗水顺着脖子朝下淌。吴绍伯看朱德一直挑着两只木桶,关心说:"我来挑一会吧。"

朱德用手抹着脸上汗水说:"算了吧,转了半天,一滴水没见,挑个空桶还换什么。"

累了,他俩坐在一块大石头上。

太阳曝晒着,山下的一块块地里的庄稼耷拉着叶子,似乎还在拼命地抵抗着焦渴,喘息着最后一口气。

吴绍伯看了看庄稼地,望着天上说:"朱玉阶,我会看天,知道会不会下雨,信不?"

朱德看着远方绿色的山峦,漫不经心说:"我不信。"

吴绍伯笑起来说:"你还别不信,我大你几岁,懂的事就是多。"

朱德用认真的眼光看他:"那你看看天上,会不会下雨?"

吴绍伯仰头朝天上望,白晃晃的阳光耀得睁不开双眼,他把手搭在眼上当凉棚遮,睁大眼睛,东张西望,说:"日晕三更雨,月晕午时风;久晴大雾阴,久阴大雾晴;清早起海云,风雨霎时临……"

朱德跳起来,"你不要背口诀了,说说,有没有雨吧?"

吴绍伯说:"天上一朵云都没有,晴朗朗的,能看出什么?"

朱德望了望天上说:"你会的,我也会呀。"他顺口背着,"天上钩钩云,地下水淋淋;星星稀,好天气;星星密,雨滴滴;星星眨眼,有雨不起……"

吴绍伯摊下手说:"我服你了,朱玉阶是什么人,上懂天文地理,下知鸡毛蒜皮,你知道的就是永远比我多。"

朱德微笑说:"知道我怎么了解到这些吗?"

吴绍伯说:"还用说吗,你妈教的。"

朱德竖着大拇指说:"知我者,绍伯兄也。"

在一块悬崖下,朱德看见了水,那是从悬崖上滴下的水。顿时,朱德觉得树林间凉爽起来,每一片树叶、草叶上都沁出光滑晶亮的水珠来。吴绍伯要爬上悬崖,看看水到底是从什么地方滴下来的。朱德怕有危险,拉住了他,自己要朝上爬。吴绍伯说:"我爬吧,我年龄比你长,个子比你高,力气比你大。"

朱德抡了下胳膊,展示着比吴绍伯更大的力气,不服输地说:"这是大湾的事,我来。再说,你的手劲还不如我,掰手腕都输给了我,怎说力气能比我大。"

吴绍伯嘴一撇,没辙了:"好、好,我承认,输了。"

上了悬崖,朱德一看,傻眼了,水是从石缝里渗出来。这水,很吝啬,一滴一滴渗着,慢腾腾的,活像受罪的眼泪。

一滴水,也能滋润一棵苗,带来一点生的绿色。

朱德把水捧到眼前,看着水的跳动,水珠像一粒阳光,闪闪地亮。他用舌尖尝水,哦,是有味的。

吴绍伯尝了水,痛快说:"好凉快啊!"

朱德乐滋滋地说:"今天没白爬这一趟,值得。"

水,给了两个孩子少有的欢乐和笑声,也给了他俩愁的滋味。是呀,他俩又为一滴滴水怎么盛进桶里想不出好办法,抓耳挠腮。

朱德看见水滴挂在草叶上,颤悠悠地跌下来,心里闪出一个念头,灿然发光:摘一片大树叶,折成喇叭状,插在悬崖下的石头缝里,让水渗进了桶里。

朱德把想法告诉了吴绍伯,他拍手叫好:"朱玉阶,真有你的,这个点子想绝了,太有想象力。"

一次微小的成功,产生了巨大的力量,让朱德有了信心,不停地找水。

吴绍伯回家了。

朱德仍然在找水。祖父朱邦俊拉过朱德说:"算了吧,吃那么多的苦找什么水,留点力气明天拉水。"

朱德没泄气说:"吴绍伯家的山上有水,我们这儿也会有水。"

朱邦俊说:"玉阶,别死心眼,十个手指头都不一样长,世上哪有一模一样的山?"

朱德不信,挣脱了朱邦俊的手,还要上山。

朱邦俊又换一种口气,帮着朱德想点子:"上辈人说,山上的野猪、野狗、野猴是要喝水的,找到它们留下的痕迹,也许会找到水。"

一边的祖母潘氏接过话匣,打着手势说:"草长得旺的地方会有水。"

朱邦俊不喜欢潘氏唠叨,一摆手说:"你懂啥子嘛!"

潘氏不服气说:"我说的全是真的。"

朱世连见朱德挑上水桶,又要上山找水,就说了一句话:"玉阶,听话,不要找了,找了这么多天,见到过一点水星吗?"

朱德说:"见到过啊。"

朱世连说:"那点水算什么,像一滴眼泪,吴绍伯都灰心丧气回去了,你还找啥子嘛?"

朱德铁了心说:"世上无难事,只怕有心人,这么大的山,我不信就没有水。"

朱世连说服不了朱德,摇摇头,把儿子喊到面前,支着招数说:"听人说,早上,还有傍晚时,小鸟飞去的地方常会有水。另外,在山中找水不要只顾走路,要常停下来,用耳朵听一听,说不定就能听到滴水声音……"

朱德继续找水。在山中,他看见了兔子,跟着跑,累得浑身简直都被汗水淹了,还是没有找到水。天上飞过一群鸟儿,他就不问脚下高低,朝鸟儿飞过的地方跑,还是没有见到一滴水。他脸上没有失望的神情,坚持着寻找。他跑的路太多太多了,脚上的草鞋掉了底,用山上的藤蔓缠裹住;腿上跌破了皮,拔一把青草,捂一捂,一瘸一拐地走。

他的内心在成长。

成长是痛苦与欢乐的。一棵树失去成长,就会没有内心的强壮,没有高大的躯干、翠绿的枝叶,不会熬得住风吹雪飘,长成一棵参天大树。人呢,与树一样,离开内心的成长,不会有粗壮的躯体、坚硬的筋骨,更不会有暴风骤雨摇撼不动的意志。

世上的事情有意思,当找时就是找不到,无意中也就出现了。

朱德在自家附近割草,意外发现了水泉。

这个地方的草,一眼看去,与几步外地方的草长得就是不一

十六 找水,成了朱德的心事

样，远处的草又瘦又小，青里带点淡淡的黄色，软软的，少些生气。这里的草像刚浇了肥，长得像青葱似的，直挺挺，乌绿发亮。茂盛的草丛里"扑棱"一声，飞起几只麻雀，青草微微地摇了摇，像与朱德打招呼，行着礼，亲热地喊道："朱玉阶，快过来，我身下有水，好多好多的水啊。"

朱德想起祖母的话，草长得旺的地方会有水。他兴奋得心里怦怦直跳，直觉告诉他这草丛下面有水。他跑回家里，对祖母说："婆婆，你说对了，我找到一丛草，长得青葱似的一大团，下面肯定有水。"

"是吗？"潘氏被孙子掩饰不住的喜悦感染了，追问道，"草长得真旺吗？"

朱德连连点头，说："真旺、真旺。"

他扛来一把锄头，在长着乌绿青草的地方挖起来，没挖几下，泥土越来越湿润。他努力不让自己的惊喜太过，惊跑"福气"，挖不出多少水。挖着挖着，水渗出来了，慢慢地，一点点渗出来，后来就流出来，越流越大。他忘了一切，扑到地上，捧起一汪带着泥土的浑水，把头埋在坑口边，笑着喊道："快来看哟，挖出水来了——"

清亮的泉水在小小的泥坑里悠悠荡荡。

朱邦俊、潘氏赶来了，村子里的小伙伴赶来了，他们带着铁锨、撮箕、绳索，掀土提土，轮番上阵，把泥坑挖得越来越深，越来越大，成了一口旱井。

朱德尝到了执着带来的喜悦。

十七　与参加县试的读书人争个高低

一九〇五年二月,仪陇县要举行科举考试,俗称童子试。

按照清朝的科举考试规定,所有考生都先得通过县试,再通过府试,然后通过院试成为秀才。这是科举前的预备性考试,是读书人步入仕途的惟一通路。

除朱德外,朱德一家人像盼望春节来到一样,心情激动。朱世连像是已经看到儿子县试第一名,走在路上,春风满面,两手背在身后,昂首挺胸。是呀,他们朱家老少三代人,咬着牙熬过一个个苦难,不就是等待这将要扬眉吐气的一天吗!

大湾人都知道朱世连的过继儿子朱德在席家砭塾馆里读书出众,见到朱世连就热心地问:"你家朱玉阶今年上县里考试吧?"

朱世连点头含笑道:"去的,要去的。"

邻里人竖着大拇指,啧啧称赞说:"你家朱玉阶能考上,席家砭塾馆里读书就数他拔尖。"

朱世连听得心里暖洋洋,回答说:"谢谢啊,托你福口。"

全家人像保护金银财宝般呵护着朱德，生怕他去县城前有个头疼脑热，耽误了科举考试。朱德少穿一件衣服，刘氏急忙给披上；他拿起扁担、绳子、砍刀要上山，祖父给挡住了，怕万一闪了腰、崴了脚；他端起红薯饭碗，祖母夺下来，让刘氏借来米，给他做干饭、炖鸡蛋吃。

一天，朱德不愿吃鸡蛋，说了一句吓坏朱世连的话："我真不想参加考试，讨厌写这种八段文。"

朱世连惊慌地望着朱德，神色不安地说："玉阶，千万不能干出这事，那是对祖上最大不孝啊，你看见的，爹爹婆婆、全家人把心血全扑在你身上，你不去考试，朱家就塌啦……"

朱德嘀咕说："什么文章，不许自己想法，只要求插入孔孟的格言论证的论点，这种八段文考试根本就是培养死尸的制度。看看历史，真正中国伟人很少是科举诞生的，一面状元、一面宰相的人是少之又少。"

朱世连说："祖祖辈辈都是这样考法，别人能考咱也能考。"

朱德心情压抑："考试，到死了也学诗词，也不学算题。"

朱世连没敢把朱德不想参加考试的想法对家里人说，怕祖父祖母年纪大了受不了惊吓，他悄悄地赶到席家砭塾馆，请来席聘三说服朱德。

席聘三赶来了，朱家人也全知道朱德不想参加考试了。朱邦俊对席聘三拱手："拜托席先生了，这孩子听你的。"

朱家不远处是大湾堰，堰潭里的水碧绿，像一块翡翠。堰潭边长着枯黄的灌木，微风来，灌木轻摆，水里的波纹轻轻

朱德的早年生活

荡漾。

席聘三不问天凉,把朱德带到清静的堰潭边说话。他有点冷,颤巍巍问:"全家人都依靠着你,你在我那八年寒窗苦读,很不容易的,真的不想参加县考?"

朱德向席聘三倾诉衷肠:"不参加考试不见得是没本事的人,比如朝廷重臣左宗棠,二十岁乡试中举,但此后在会试中屡试不第。他留意农事,遍读群书,钻研舆地、兵法,成就了一番大事业,搞洋务运动、平叛陕甘同治回乱、收复新疆,成了大清四大名臣之一。"

"不参加考试的人,比如还有我……"席聘三看着枯瘦的灌木倒映在水里,笑道,"玉阶,你像为师一样鄙视科举,想抛弃考试,我能不清楚吗? 说真话,你有这样的想法我是赞成的。但是,看看你家里,一贫如洗,度日如年,你怎能只顾着自己,不为家里想点呢? 科举是一条出路,是一座桥,是通向功名、做官的门,不这样,你家里怎么活下去?"

朱德深深地叹口气,仰起脸,闭上眼睛,除夕夜那悲伤的一幕又浮现在眼前……

他心里结上了一层寒凉的冰:是啊,不情愿做的事,却要硬着头皮去做,人到世上来,就是为了受苦受罪。

突然间,席聘三又说了一句带有刺激的话:"你去考,再说,还不一定考上了,单是一个县试就有上千人,都是仪陇的俊才,是骡子是马拉出来遛遛就全知道了。"

朱德埋着头,回味着席聘三的话,心里有点像岩石一样沉

十七 与参加县试的读书人争个高低

重，猛然，这岩石炸开了，蹿出一股挡不住的火焰，是激情，是力量，是一种不服气的自信，誓要与仪陇县试的读书人争个高低。

跟着席聘三回到朱世连跟前，朱德意外发现大爸鬓角有了几根白发，像一道白光刺痛了他的眼睛。大爸什么时候有了白发？怎么一直没有看见？朱德的心一颤，陡地发现大爸老了，背微微驼了，脸上都是粗糙的皱纹，身体不像以往那样的结实有力了。他心里像被猫爪抓了似的，痛并颤抖着：大爸是为他这个儿子上塾馆而老的。

朱德带着苦涩味说了一句："爸，你白头发多了。"

朱世连不介意地说："下苦人头发就是白的多。"

席聘三随口背了唐朝王维《叹白发》诗句："我年一何长，鬓发日已白。俯仰天地间，能为几时客。"他又抒发情绪说，"天地万物，没有一件逃得出荣枯、盛衰、生灭、有无之理。"

席聘三匆忙回去了，他还要给朱德他们几个考生物色廪生担保。廪生也是秀才，享受朝廷每月的补助费，作保的考生若有冒籍、顶替、匿丧，被攻讦查出者，廪生会担责任，受到革职、停发银子的处分。

朱德目送着席聘三一点点远去的背影，心里结的薄冰慢慢地融化了。他想：我已经十九岁，是个大人了，不该让席先生再这样跑来跑去，也不该让爹爹婆婆、爸爸妈妈、大爸大妈再操心费神，该为他们分点忧。我要去考一考，让他们知道这些年我是怎么读书的，也可以看看自己到底学得咋样……

朱德的早年生活

朱德想到可以走出家门去见见世面，心中欢畅了。

钟氏匆匆赶来了，她晓得朱德要进城里参加县试，把家里旮旮旯旯找遍了，用零星的布赶做了一双千层底的鞋子，想让儿子穿着去城里。

朱德拿着布鞋，见鞋底的针线纳得均匀细致，又见母亲两眼里布满丝丝缕缕的血丝，心里一酸，疼爱说："你又熬夜了。"

钟氏说："不要紧，妈这辈子就是这样活过来的。"

朱德说："我不让你熬夜，穿草鞋一样进城嘛。"

钟氏说："城里不是乡下，穿布鞋好看。"

朱德心里有数，母亲送的不单是布鞋，而是放心不下他，担心她的儿子在外面遇到难处，没人管。他宽慰母亲说："我穿草鞋舒服，还跟脚。"

钟氏硬是给儿子穿上布鞋，用手轻轻地捏捏他的脚趾，欣然地说："不大不小正合脚。"

刘氏笑道："当妈的还不知道儿子脚大脚小吗？"

钟氏用欣赏的目光对着儿子说："大了，你不能像我们这样一辈子待在山沟里，要走出去，走得远远的。"

母亲简单朴素的一句话，让朱德心里发热、发烫，懂得了最深刻的道理。

仪陇县城离大湾只有三十六公里，朱世连七拼八凑好歹有了一吊钱，让朱德揣在怀里，踏上参加县考的路。

朱德头上梳着长辫子，穿着土布长衫，肩上挎着一个蓝布小包袱，同吴绍伯、席景荣，还有几个同学沿着盘山小道，徒步向

十七　与参加县试的读书人争个高低

县城走去。

朱德没有舍得穿上新布鞋，仍然套着草鞋。他收藏着新布鞋，收藏着母亲对孩子最深的爱。到远方去，是母亲的心愿，又没办法让她完全放下心。

他们一路走，一路说笑，有时，谈论着科举、国学，高一声、低一句，争论得不可开交、面红耳赤。朱德说话声音洪亮："我不是全部否定科举，科举是古代中国人智慧的结晶。科举的问题，只是文体限制太死，死记硬背些东西……"

吴绍伯说："题目让人讨厌，起的作用非常有限，关键都在经义题里。"

席景荣说："科举在中国实行了一千两百多年，蕴涵的智慧与精华是很多的，好像以思想智慧为主。"

吴绍伯说："古代的科举考验的是人的为人处世智慧和能力。"

朱德说："我不是全部否定科举，科举是古代中国人智慧的结晶。"

天空清澈，于是显得又高又蓝，云朵也特别地洁白。

天上有两只小鸟伴着朱德他们走。朱德发现，他们疾步走时，小鸟就飞得快；他们放慢脚步时，小鸟就飞得慢。朱德站下来，等着落在后面的吴绍伯走上来。刚刚有说有笑的吴绍伯和席景荣，还有几个有钱人的同学早已走得脚疼腿酸，没了欣赏景致的心情。吴绍伯对朱德说："你不能走得慢点吗，等等我啊。"

朱德的早年生活

朱德说:"我们这次县试是要有喜了,你看,大清早出门,小鸟一直跟着飞呢。"

吴绍伯抬起头,看了眼小鸟,累巴巴说:"我管不了那么多了,什么鸟不鸟的,我怕都走不到县城。"

朱德笑着说:"你不是说爬山行吗? 走路怎么就不行?"

吴绍伯拖着沉重的脚步说:"我走远路确实不行。"

朱德说:"不如我这个下田人吧,你还是缺少吃苦。"

吴绍伯无奈地摇摇头。

朱德当起了"捎夫",像一头牛,背起了吴绍伯、席景荣,还有几个同学的小包袱,脚步加快了起来。

傍晚时分,他们在县城一家最便宜的小客栈住下,一间小屋里挤了七八个人。有两个有钱人的学生嫌屋里拥挤、嘈杂、气味不好闻,撇着嘴,不屑说:"这里能住人吗? 我凭啥和土包子住一起?"他们跑到灯火辉煌的旅馆住去了。

吴绍伯、席景荣,还有几个人留在小客栈,他们喊肚子饿了,却坐在铺上不晓得怎么做饭。朱德什么事情都可以做,到外面买菜,买粮,做饭。吃了饭,朱德烧水,给他们烫脚、倒洗脚水。吴绍伯直叫唤:"我腿酸。"朱德说:"我给你捏捏就好了。"他捏了捏,吴绍伯腿上一下轻松了,笑嘻嘻说:"朱玉阶,你这个土包子成了洋包子,啥事都会干嘛。"

第二天,橘红色的霞光洒落在仪陇县城金城山下的文庙上,重檐歇山式屋顶、小青瓦屋面上散发着明亮的光芒,却不热烈,感觉不出什么激动人心的温热。

文庙大成殿建于清道光二十一年,是木头结构建筑,坐东南向西北,盖在一座半身高的石造平台上。

朱德带着吴绍伯起了个大早,别人还在梦里,他已经急切地在县城里"逛"了一圈,知道了群山之外的世界是个什么样子。

新的一天,一个全新的世界,让朱德觉得格外新奇,昨天的疲劳荡然无存。

仪陇是个小山城,街道窄窄的,石板路一路弯曲,沿街的店铺一家紧挨着一家,店前挂出的五颜六色的"幌子",让朱德两眼忙得看不过来。 铁匠街和布市街交会路口的腊八稀饭、荷糖油干、黄汤圆、豆花油茶、肠子汤、红糖锅盔、豌豆面锅盔、绿豆面,热气腾腾,香甜味扑鼻。 朱德看了荷糖油干的做法,手磨的大麦面打热芡,包上红糖,在热油里一炸,酥脆热甜。 他们又看了熬制油茶和豆花。 把前一晚泡胀的大米打碎成粉后,加水将米粉一边搅拌一边煮,直到浓稠。 而另一口锅里煮着白嫩嫩的豆花。 吴绍伯喊着:"我请客。"他要了两碗刚出锅的豆花油茶,从锅里舀出油茶,撒上香香的榨菜粒,红亮亮的油辣子,脆脆的馓子,他和朱德吃了,咸鲜细嫩,微带麻辣,胃口大开。

看了街市,朱德、吴绍伯又远眺龙泉山、大金山,群山如浪,森林如海,名气不小的白塔在青翠的绿色中闪耀着灿烂的银光。 不宽的渠江由北向南潺潺地蜿蜒而去,霞光下的江水,波光粼粼。 一只船逆流而上,船工们身背纤绳往上拉。 朱德动情地望着拉纤人,望着他们在二月的寒风里吃力地拉着纤绳,一步

朱德的早年生活

一步朝前走,心里直是发沉。

朱德问吴绍伯:"看着拉纤人有什么感觉?"

吴绍伯说:"比种田还苦。"

朱德说:"我看到他们坚定的拉纤脚步,给人战胜逆境的信心、力量。"

吴绍伯说:"说得对啊,我怎没想到?"

新的世界里新的生活,给予的沉重,是不是憧憬中的前方呢? 群山之外的世界让朱德沉默。

太阳升高了,在文庙教官处,朱德填写了笔名"朱存铭"、籍贯、年龄和三代人履历,廪生当场作了担保。

考生考试之前,都习惯在文庙烧香许愿。 朱德在文庙烧了香,许了愿,凝视着飞檐斗拱、四角高翘、风铃叮当、雕梁画栋,又有些陈旧的文庙,凝视着这座全县的学宫、儒学教官的衙署,他在袅袅飘浮的淡蓝色香烟中,仿佛看到春秋时期的大思想家、教育家孔子在看着自己,仿佛看到席先生、爹爹婆婆、爸爸妈妈、大爸、三爸他们都在看着自己,霎时涌动了一种感情:晨钟暮鼓,黄卷青灯,寒窗苦读十几载,不就是为了这一刻? 如果不考出好成绩怎么对得起家里人和先生? 要考好,要把在席家砭塾馆所学到的东西都发挥出来……他又想起席先生说的话,县试有上千人,都是仪陇的俊才,虽参加了,可还不一定能考上。 他竟有点忐忑了。

文庙一条街上,人头攒动,都是参加县试的人,他们大都是有钱人的孩子,穿着绸衫,戴着礼帽,坐着滑竿,伴着书童,招摇过市，一副踌躇满志、伸手可得的样子。朱德看不起他们，对吴绍伯说："你要是像他们一样，就不是我朋友，立马分道扬镳。"

吴绍伯说："我是你朱玉阶朋友，怎能与那酒囊饭袋的人为伍！"

朱德对同伴说："别瞧他们个个趾高气扬，等发榜时才能见高低。俗话说'出水才看两腿泥'，走着瞧吧！"

逆境中的朱德，有一颗纤夫战胜逆境、不屈不挠的心。

考试开始了，第一、第二场考八股文与试帖诗，默写《圣谕广训》，圣谕是皇帝对科考的严格要求，有十六条，有时要求默写其中一条，约六百多个字，如有漏、加、错字在十个以上，这场考试不予录取。第三场考试诗赋，第四场、第五场考对四书五经的解释。

朱德答题很快，每次都早早交卷。开始，考场上先生对朱德交卷过早有点怀疑，看了他的卷面，拈须频频点头。走出考场，朱德感到浑身有说不出的轻松、自由。

十八　中国最后一场会试

县试发榜了，在一千多名考生中，朱德名列第二十名合格"士子"，有人告诉朱德时，他还怀疑是不是耳朵听错了。

家里人也不太相信朱德会考了一个第二十名。朱世和直接怀疑说："肯定是听错话了，怎么可能呢，全县一千多人，什么能人都有，朱玉阶怎能考上第二十名？"

朱邦俊激动中又有些顾虑地说："不要说考上第二十名，哪怕一百名也行，只要能中上就算烧高香了。"

潘氏擦着喜悦的泪痕说："玉阶，快去陈家湾把喜讯告诉你爸妈，他俩知道不知咋高兴呢。"

朱邦俊喝住了："不要去，万一没考上就出大洋相了，等捷报来了再说。"

朱德敞怀笑了："我亲眼看到发榜了，红纸黑字不会错的。"

朱世连在屋里兴奋地走来走去，他听人说，遇上这样好事，捷报会送来很快的，有喜人家要准备好红包，若家贫，也要准备酒菜款待。

朱家准备了酒菜款待。

"报喜"的人来了,大湾不少人跟着来朱家看热闹。

刹那间,朱邦俊泪水忍不住滴下来了。

朱德正要去陈家湾"报喜",朱世林早已有了耳闻,嘴里含着旱烟,大步赶了过来。

有人说:"朱玉阶他爸来得及时啊,走路脚下都带着风。"

朱世林从嘴里拿出旱烟说:"大清早上,喜鹊在我家门前树上直叫唤,我就知道幺儿有喜了。"

有人说:"你家有秀才了,给红包。"

朱世林说:"这才是'士子',要是考上秀才的话,我请你吃酒菜。"

有人告诉朱家说,丁家大院平时有说有笑,这几天,没说没笑,大门关得紧紧的。

朱世和噘着嘴唇,几乎喊着说:"等我家玉阶考上秀才,我到他门口放鞭炮。"

吴绍伯、席景荣也来了,朱德迎上去说:"你们咋一块来了?"

吴绍伯笑得眉毛都飞扬起来:"高兴呗。"

席景荣实话实说:"吴绍伯怕你又不想参加府试。"

朱德朝热闹的人群看看,拉着吴绍伯、席景荣一声不吭地出了门。

爬上一截山坡,三人坐在一块石头上。冰凉的风吹在脸上麻酥酥的,席景荣捂着耳朵说:"大冷天爬上山干什么?"

朱德看着山下人来人往的家里,轻淡地说:"我不喜欢这样的热闹,心烦。"

吴绍伯跟上说:"我也不喜欢,所以跑来找你。"

席景荣说:"言之有理,下面还有府试、院试,门槛越来越高、越来越难考,谁知能不能考上?"

朱德说:"能考上个秀才、举人,又能咋样? 没钱没势能做上什么官?"

吴绍伯盯一眼席景荣说:"景荣,你不理解朱玉阶,他是讨厌县试、府试、院试。"

山林间脱了叶子的树上偶尔有一片枯黄的叶子凋落下来,满地小草被寒气杀得低下了头。

远离喧嚣的人群,坐在寂寞的山林间,朱德心里有点空荡荡,却安静了。

席景荣说:"讨厌归讨厌,谁也回避不了现实,还是要去府试的,我们该准备一下。"

三个人的眼睛都望向琅琊山的深处,没有言语。

一只鸟儿的啼叫打破了山林间的寂静。 席景荣说:"府试无非是《论语》《礼记》《左传》《诗经》《周礼》《仪礼》《易经》《尚书》《公羊传》和《谷梁传》,只要揣摩准古人语气,代圣人立言,也不难考好。"

朱德有点生气地说:"不允许发挥个人独到见解,不允许联系现实政治,循规蹈矩,流于形式,格式呆板的八股文有什么意义? 我看呀,朝廷科举出大问题了。"

吴绍伯接着说:"把平时背熟模块默写下来就大功告成了。考生只需准备各类题解法即可,什么大题、小题、截搭题,截搭题又分长搭、短搭、有情搭、无情搭、隔章搭诸题,截搭题的解法无非是调、渡、挽。"

朱德说:"朝廷科举该改革了。你们听说了一个地方五名童生大闹考场的事吗?"

吴绍伯、席景荣都吃惊地摇头说:"不知道,咋回事?"

风吹打着朱德的脸,他说:"主试官在第二场'提坐堂号'时,准备重点阅看前三十名文童的试卷,对他们进行深入考核。让主试官没有想到的是,在对所有考生传示考题的时候,有五名童生来到主试官面前,恳求说,挑入堂号的这三十人,恐怕其中多有假冒,我等要'挑坐堂号,代官监试'。这五个人原本互相认识,正场考试发榜之后,他们的名次均在末榜,成绩非常不理想,这让他们'心怀不平',于是,联名具禀,在第二场考试时也争取面试的机会。牌传考题时,他们站出来,向主试官发难,要与三十名文童一起面试。"

吴绍伯用异样的目光凝视着朱德,关切问:"下面咋样?"

朱德仰望着茫茫的天际,说:"遭拒绝后,五个人恼羞成怒,对其他考生喊道:'今天的试题,我们在三天前就知道了,大家都散考吧。'他们将桌子推翻,踹断桌腿,开始打砸,整个考场一片混乱,主试官下令衙役捉拿闹事童生。结果,他们开始反抗,有的拿着桌腿,有的'携拿题牌',一起冲打到考场大门,'硬行开封',跑出场外。"

朱德的早年生活

席景荣担心地看着朱德问:"结果呢?"

朱德说:"主试官命人取消五人的考试成绩和考试资格,令人缉拿他们。"

席景荣叹息说:"天下还有这样的事。"

吴绍伯冷笑说:"这样的科举不出事情才怪了。"

席景荣说:"考场闹事罢考是很重的罪,是要流放、充军甚至杀头的。"

吴绍伯说:"三年才有两次县考、府考、院考,这样的机会谁不珍惜?"

朱德说:"有童生将自己的经历写成对联:'县考难,府考难,院考尤难,四十二年才入泮;乡试易,会试易,殿试尤易,一十五月已登瀛。'说自己做了四十二年的童生,才考取生员,进入官学。从五名童生闹考场看出,科举制度发展到今天已是僵化了,弊端太多,更是社会衰败的一种体现。"

三个人的眼中闪着不同的情感,有的忧郁、猜忌,有的气愤、不平,有的是担心的隐痛。

吴绍伯觉得气氛过于沉重,用轻松的音调哼唱起四川民歌《采花》:

"正月里采花无(哟)花采,

二月间采花花(哟)正开,

三月里桃花红(哟)似海,

四月间葡萄架(哟)上开,

五月石榴尖(哟)对尖,
六月间芍药赛(哟)牡丹,
七月谷米造(哟)成酒,
八月间闻着桂(哟)花香,
九月菊花怀(哟)里揣,
十月间松柏人(哟)人爱,
冬月里腊月无(哟)花采,
霜打的梅花便(哟)自开,
……"

天上有一只鸟儿啼叫着盘飞几圈,翅膀一并,消失在山坡的那边。

朱德内心卷起一股浪涛,真想对祖父母、爸妈、大爸说一声:"我不想参加府试了。"有了想法时,他浑身微微一震。

一朵洁白的云彩被阳光照得透亮。天越是冷,天越是蓝,阳光越是明亮。

三个年轻人身下的石头缝隙间,在枯萎的草丛间,悄悄地冒出几棵青嫩嫩的小草,是那么地鲜亮抢眼。

朱德已经站到了春天的前头。

四月是府试,说到就到了。

府试在南充顺庆府举行。府试合格后才有资格参加院试。府试的都称为"童生",俗称"白衣秀才"。

桃花开得正浓时,朱家人簇拥着朱德到村口,送他去府试。

这次，钟氏带着代炳来了。代炳十分欣喜、活跃，对朱德说："听说顺庆府有一条河，叫嘉陵江，三哥，人家说那江好大啊，无风三尺浪，你敢到上面坐船吗？"

朱德见过仪陇县城的渠江，心想，渠江已经够大的，嘉陵江肯定更大。他想着说："我还没坐过，如果浪大不知能不能坐得稳。"

代炳又说："嘉陵江在山上吧？"

朱德看看琳琅山说："山在高处，江在低处，嘉陵江不该在山上。"

朱德和吴绍伯、席景荣他们朝南充顺庆府走去。

早晨的太阳追随着朱德他们的脚步一点点升起来，几个青春勃发的年轻人走向山外更大世界，连太阳也兴奋得鲜红透亮。

山路弯弯，绿肥红瘦。朱德挎着蓝布小包袱，埋头赶路，没有多少话语，这让吴绍伯和席景荣也失去了说话心情，两耳只是听着脚下的布鞋和朱德脚上的草鞋踏在沙石路上发出的"沙沙"声。

吴绍伯知道朱德在走向一个不愿意跨入的大门，用他稚嫩的肩膀扛起祖宗、祖父母、全家老少千叮咛万嘱咐、牵肠挂肚的殷殷希望。

吴绍伯有心要让朱德快活起来，就讲发生在顺庆府那些悲壮的传奇故事，如，楚汉相争之际，刘邦被项羽围困于荥阳城，他的大将军纪信在危急关头向刘邦献"金蝉脱壳"之计，刘邦得以脱险，纪信本人却因此落入了项羽手中，最后被活活烧死；还

十八 中国最后一场会试

有，如西晋陈承祚，归隐西山西，小筑屋三间，曾撰三国志；宋代著名诗人陆游曾登临万卷楼，留下了"一别南充十四年，时时清梦到金泉"的深情诗句。

朱德听了，心里怜惜天下苍生的忍辱负重，脸上却没有表情，也没有像往常一样抑制不住地发出切肤之痛的感慨，而是目光变得深邃了，让吴绍伯从里面看出他的心早已飞越了四书五经的樊篱，投向了弱小无助的平民百姓。

他们走了三天，到了顺庆府。这是地处嘉陵江边、历经了两千一百年风雨的文化古城，是川北仪陇、营山、蓬安、南充、西充、邻水、岳地、广安八县的府治所在，是川北政治、经济、文化的中心。

大世界顺庆府的繁华、车水马龙、光怪陆离，使朱德惊讶地睁大眼睛，嘴里不禁发出"哦"一声。

街上是各种各样的两层旧木房的店铺，古董铺、书画碑帖店、书摊、说书场、画像店、布店、杂货店、鸟市和茶园，川剧婉转的高腔与插科打诨的帮腔锣鼓，撩拨着人心；形形色色的人群，有的穿着打扮普通，有的头戴丝帽，身穿顺庆府大绸马褂，手拎鸟笼，闲闲地逛着，当朱德经过身边时，他们会嫌弃地皱起眉头，拍拍身上的灰尘，很不自然地走开。

朱德身着土布长衫，脚穿草鞋，挺着胸脯，毫不卑微地走过街上。他一扫来时在路上的沉闷，用快活的心情向世界演讲：我是来自大湾的赤脚下田人，叫朱玉阶！

顺庆府边上的嘉陵江震撼了朱德。

朱德的早年生活

老远看见嘉陵江似乎就在山上,让席景荣连连惊呼:"是在山上,没错。"

朱德怀疑地说:"不可能的,是眼睛视觉问题。"

席景荣说:"我们打赌怎样?"

朱德说:"行呀。"

他们赶到嘉陵江边,一看,原来还在河沟里。

嘉陵江,山依着水,水抱着山,宽宽的,从山坳中寂静地向南蜿蜒而去。江水清澈,荡漾着一层层波光,细浪微微拍打着长满了青翠芦苇的江边。

"嘉陵江是这样地安静啊。"嘉陵江笑容温和,大大出乎朱德的意料,他轻声背诵《诗经》中的"蒹葭苍苍,白露为霜……"

嘉陵江上过来一只船,七八个男人拉着纤绳,吼着号子,吃力地拉着船,逆流而上。

纤夫给朱德一种沉重和苍凉的感觉,像是一阵呼啸的秋风卷过他的心中。他想:这就是嘉陵江。刹那间的感觉,让他看到了长长的嘉陵江两岸悬崖峭壁、鬼斧神工的气魄,浩荡江面空旷苍劲的灵性。在沉思中,他拿出一张纸,折叠了一只船,放在江水上,在波浪上颠簸、摇晃着漂远。

纸船,是信念,是远方。是纤夫拉着的船,船头迸溅起的战胜逆境的浪花,使一个年轻人明白了苦难是什么,懂得了更多生活的意义。

经历苦难的洗礼而振翅高飞,朱德宁愿当一个新时代的纤夫。

朱德踩着嘉陵江上纤夫的脚印，踩着祖父母、全家人的苦难走进考场。

他在报名册上改了名，叫朱建德。

顺庆府的文庙不同凡响，红墙黛瓦飞檐翘角，流光溢彩。

太阳西坠时分，府试开门，数千名考生排成一行长队接受初查，一个接一个入场，由四个拎灯儿童带着分别进入四个考场。在门口，他们再次接受当兵的搜身检查，最后进入考场，按准考证找到自己的位子。考生任何东西都不准带入，笔、墨、特用纸张等都由考场提供，头两场各考一天，第三场策论需考两天，过夜的棉被也由考场提供，每名考生都被隔开，各占一个位置。

坐在考场上的朱德，埋头思索后，奋笔疾书。他没有懈怠任何一个文字，感受着文字将要带给全家每一个人温暖的梦想。但朱德还不知道，这是中国士子们的最后一场甲辰恩科会试。

鸦片战争后，科举的内容一下子就完全显现了与现代世界脱节的窘况，西学渐起和新学教育崛起，科举制度渐渐衰落。

走出顺庆府考场时，朱德已被一种新的生活所感召。这时，顺庆府里，已经开始兴办小学堂、中学堂。他的远房舅父刘寿川，是一位留日的学生，在中学堂里当先生。朱德从刘寿川那里知道了小学堂、中学堂就是新学，是公费办的，用新教材、新教具、新方法教学。

朱德多么想跨进新学堂读书啊！

十九　府试传来的喜讯

幸福刚要来到朱德家里,又像小鸟般飞走了。

朱德由顺庆府回到大湾的当天,中榜的喜讯传到了马鞍场和大湾。

吴绍伯和席景荣却落榜了。

朱家人把兴奋的目光投向了成都的院试。有人向朱世连道喜时,他不无荣光地说:"要是省里中榜,就是秀才了。要真的中了秀才,就请你来喝米酒!"

院试合格者是秀才。秀才是大清国的知识分子。秀才是享受特权的:可以不出公差和免纳田粮,不担心税赋徭役;可以见县官不用下跪,县官也不能对其用刑;有公事可禀见知县;成了秀才就有了功名在身,受到地方上的尊重,秀才家的大门门楣可以比普通百姓高三寸。戴银质红色帽顶,面有玉板的小滴子帽子,穿法定蓝色长袍、马褂。

梦想就要放飞了,朱德就要成了成都院试合格后的生员,他要成了秀才,就能参加正式科举"乡试",就能成了举人……

世事难料，山里种田人怎能想到呢，清朝在激进主义改革思想的指导下，突然下诏废除了科举制。

苦难中的朱家人像被头上抡了一闷棍，晕头转向，没了心气，脸上只有痛苦和泪水。朱世连像是看到丁阎王得意的奸笑，失魂落魄地说："丢大脸了，让丁阎王看了大笑话。"

多天没来的吴绍伯和席景荣匆匆赶来，想看望、开导朱德，他们现在成了"同是天涯沦落人"。

席景荣受父亲委托，还要告诉朱德一件没有想到的大好事。

出乎吴绍伯和席景荣的意料，朱德竟像没有事情发生，拉着吴绍伯和席景荣，愉快地爬上山坡，坐在大石头上，有说有笑的。

吴绍伯说："朱玉阶，真有你的，我从顺庆府回来，一听到落榜后，人都瘫了，睡了三天没出门。你都成了生员，要上成都院试，秀才眼看就要到手，被朝廷一声令下，废除了科举，怎么还一点不难过啊？"

朱德笑着，抿嘴没吭声。

席景荣说："朱玉阶不同常人。我听说落榜了，像天都塌了，觉得日月无光，这一辈子完了。"

太阳的光芒从树木的枝叶缝隙里筛下来，在三个人的脸上闪来闪去。

朱德说："我早就说过，科举废除是早晚的事情，朝廷这么昏庸腐朽，新时代必将替代旧时代。这样也好，家里人怪不得我，也遂了我的心愿。再说，我家这样穷，为我读书借了不少钱，即使取得秀才身份，也不会通过会试、殿试。"

席景荣望着朱德说："我觉得你还是有些可惜，你天分高。"

吴绍伯望着朱德，觉得他像苦难中开出的花，脸上透出高贵的神气。他心悦诚服地说："玉阶讲话有道理，听君一席话，胜读十年书。"

席景荣想起父亲转告朱德的一件事情，和盘托了出来。于是，朱德的人生大事发生了，让他走出山重水复的山坳，迈进城里，领略到前方的风光与意境。

原来，前一天，顺庆府官立中学堂放暑假，教员兼学监刘寿川回家度假，登门拜访席聘三。闲谈中，刘寿川说，府衙专门拨资数十万两兴建顺庆府中学堂，是一个求学的好地方。学堂还新来了一位名叫张澜的校长，是全川有名的维新派人物，他留学日本，学贯中西，思想激进，极力推行外国的办学方法，开创了四川新式教育的先河，为各书院、学堂所效仿，吸引了不少川北地区的莘莘学子。席聘三听了，心中怦然一动，不由想起自己的学生朱德。席聘三向刘寿川细细地介绍了朱德的学习和品行情况，请求老友带朱德去顺庆府中学堂上学。

刘寿川说已见过朱德，他一口答应下来。

朱德的心高高地飞翔了，无论是吃饭、睡觉，还是干活、走路，想的都是顺庆府中学堂。他觉得自己似乎已是顺庆府中学堂的学生。

他向朱世连说了上顺庆府中学堂读书的想法，朱世连不停地摇着头说："朝廷都废了科举，还上什么学！"

十九　府试传来的喜讯

朱德说:"这是新学堂,办这个小学的,是从日本回来的一些人,在四川很有名的。我的堂舅父刘寿川也在这里当先生。新学堂学地理、历史、英文、国文,还有一个日本人教日文。"

朱世连手中修理着一把锄头,说:"我看新学堂办不长久,迟早还要恢复科举。"

朱德不知道该说些什么才能说服大爸,他用一脸的诚恳,掏心般地恳求说:"爸,给我最后一次机会嘛,我一定要学出个样子给你看。"

朱世连从鼻孔里"哼"了一声:"不行,新学能学到什么,我们朱家眼看到手的功名都丢掉了,还能学到什么!"

一滴泪水不自觉地挂在朱德的眼睫毛上,朱世连故意装作没有看见,忙着手中的事。

大爸看样子是铁下心不让自己上新学了。朱德脸上是一片焦急之色,几次张口欲言又无奈地闭上了。

晚上,一弯月亮像镰刀,挂在天上,冷冰冰的。

朱德睡在床上,透过小窗户洞,盯着月亮,心里像有蚂蚁爬着一般心烦意乱地睡不着。他轻轻叹口气,翻一个身,乱想:咋办呢?谁能帮忙劝说大爸呢?爹爹、婆婆年纪大了,帮不了自己,到陈家湾找妈来说情恐怕也不行……心里爬着蚂蚁般的滋味实在不好受,他在无奈之中想着法子去面对大爸,他用指头点了点自己的脑门:"难道真的就这样离开新学堂,就没有一点法子说服大爸?"

他把家里人逐个从心里过了一遍,看谁能说服大爸,他想到了一个人，随即又失望地说："没用、没用。"他又想到了席聘三，坚定地说："席先生能行！"

天蒙蒙亮，朱德悄悄起床，赶往席家砭私塾。

席聘三来了，他做事练达，把朱世连连拖带拽带到家里。他郑重摆上两碟冷菜、四碗热菜，放上一罐米酒、一瓶白酒。朱世连穿得不好，站在一边，慌忙摆手说："席先生，你是先生，赶老远的路到我家，已让我心里过意不去，没想到还破费摆酒，我只是个种田人，你这样待我，担当不起啊……"

席聘三给他斟酒，亲热地说："你我都是老兄弟，来来往往九年了，像一家人似的，客气什么。玉阶是你的儿子，也是我的儿子嘛。"

"是的、是的。"朱世连脸上露着十分困窘的表情，不安地搓手。他不常喝酒，见席聘三给自己倒了一碗米酒，推托说："我不会喝酒。"

席聘三说："我晓得你不会喝酒，我喝白酒，你喝米酒，不行吗？"

朱世连不好再推辞，坐下来，端起米酒。

三杯酒下肚，席聘三涨红着脸开了口，掏出心里话："玉阶的年龄和学识早已不宜再在我这里学习了，说句心里话，我已教不了他，一直想找一所好的学校让他去读书，可惜没有找到。"

朱世连喝了半碗米酒，倾心听席聘三说话，迟迟不动筷子夹菜。

"吃菜呀。"席聘三朝他碗里倒点米酒，给他夹菜，两眼闪着光亮说,"现在顺庆府有新学堂,正合我意,凑巧,我的一个老同学在那教书,听说还是玉阶的远房舅父,他也看好玉阶,答应推荐他去读书。 世连,机会难得,万万不能错过呀。"

朱世连用惊讶、迟疑的目光看着席聘三,心头打着急漩,暗想:新学堂真有这样好吗?

席聘三没有听到他的答复,端着酒,规规矩矩站起身,说:"我敬你的。"他一口喝下酒,坐下来,舒畅地说:"玉阶天分高,我能摊上一个好学生不容易啊,你盼望他有出息,我席聘三也盼望他有出息啊。"

朱世连怔怔地看着席聘三。

席聘三嘴里散发着酒味,说:"到新学堂读书不是想去就去的,我家景荣,还有学生吴绍伯想去,能去吗? 有熟识人介绍也不成啊,玉阶那是成都的院试秀才呀。"

一句句话,朱世连听了心里发跳、发热,不由端起酒,喝了。

席聘三朝嘴里夹了一口菜,细细品味着说:"我一生没考上个秀才,说句心里话,有时也觉得憋屈,但我没灰心丧气,把心气用在了教学生读书上了,教出秀才、举人,功大莫焉。 我想要玉阶考上秀才、举人,天不遂愿,朝廷一纸公文,废了考功名,这怪不得玉阶,时世大势,难以回避。 有道是,天无绝人之路,柳暗花明又一村,新学堂又铺了一条路,玉阶去了,将来能做大事。"

朱世连听了,胸膛里春水漾漾的,像要涨出来。 这些日子,他心里像黑暗的天空,漆黑一团,冷风飕飕,无处话凄凉。现在,席先生一点拨,针尖挑亮火苗,满天星光,看到了希望……他激动地想,读书人想得、看得就是远啊!

这时,席聘三说:"不能不让玉阶读新学,家里有再大的难处也要想法给他上学,不能废了一棵好苗子啊!"

朱世连没心思吃菜,接连喝了两小碗米酒。

席聘三喝了酒,满脸绯红,用手拍了拍朱世连肩头,说:"酒逢知己千杯少。今天请你老兄来,高兴,多喝了些,但没醉,说句心里话,孩子的路很长,不能耽误……"

朱世连从心底里蹦出一句话:"别人的话我不信,席先生的话我信,给玉阶去。"

一九〇六年的春天,朱德揣着家里凑来的一笔钱,带了十多双草鞋,挑着行李和书籍,踏上了去顺庆府高等小学堂的行程。心情好的缘故,三天的路程,徒步两天就赶到了。

二十　从沉思中惊醒

朱德考入了顺庆府高等小学堂。

六个月后的秋季,朱德又考进了顺庆府官立中学堂,他激动地抱着同时来上学的朋友戴与龄跳起来,说:"我们总算梦想成真了。"

朱德不喜欢顺庆府高等小学堂,那里简直不像个新学堂,一群先生闭着眼睛,摇头晃脑,生吞活剥地背诵着"老黄历"。有时,朱德谈论一点新学,周围的人听了,挤眉弄眼,有些不屑、揶揄。他心中安慰的是,同桌位的戴与龄能理解他,他俩谈得来,在一起冷眼看世界。

朱德看到迈着八字步、对自己学问很是得意的先生,心情灰暗地对戴与龄说:"去年府试时,我改名叫朱建德,到了这里又改叫这名字,是要激励自己学业上有建树、品德上有造诣,可看看眼前老朽、迂腐、萎靡的样子,学业上能有什么指望,品德上能有什么造化?"他"唉"了一声,"枉费我的苦心了。"

戴与龄跟着叹口气,晃晃头。

憋闷的沉默后，朱德鼓起勇气，吟诵了一句古诗，"青山遮不住，毕竟东流去。"

功夫不负有心人，朱德、戴与龄用自己的学识叩开了顺庆府官立中学堂大门。离开小学堂这一天，朱德对着小学堂的大门做了极有讽刺性的鞠躬，作为最后的告别。

戴与龄迷糊地问："我们好不容易钻出樊笼，干啥子还要给它鞠躬？"

朱德像振翅高飞的鸟儿，脸上闪耀着青春的光亮，说："旧的结束，新的开始，我们难道不该庆幸吗？"

一道耀眼的光芒涌出来了。

顺庆府官立中学堂汇集着一批有科学知识和维新思想的有识之士。校长张澜是"嘉陵江上一巨人，才高八斗气纵横"。

一九〇三年，顺庆府筹办新学时，选送张澜到日本东京宏文书院师范科学习。张澜在中华留日学生会上倡议慈禧还政光绪，变法维新。清廷驻日公使看成大逆不道，取消了他的留学资格，押送回国。回到四川后，张澜先在成都四川留学预备学堂当管理学生的学监，后来回到家乡顺庆府官立中学当校长。

一种全新的生活像潮水漫过来。朱德张开大口，深深地呼吸中学堂新鲜的空气。

顺庆府官立中学堂课程一改旧式书院式的教学，设有：国文、数学、物理、化学、历史、地理、英语、修身、格致（生物）、图画、体育等。刘寿川长得清瘦，一身书卷气。他很会讲课，在旁征博引中，有情有致地叙述一些细节，讲到高潮时，目光闪亮,激情犹如大潮汹涌,话语惊人。

一个个从未听说过的世界名人在朱德心里闪亮、震撼着。如,意大利人伽利略,是伟大的天文学家、力学家、哲学家、物理学家、数学家。他不管有何障碍,都能不顾一切而打破旧说,创立新说。英国人牛顿,看着苹果从树上落下来,发现了万有引力。少年时的牛顿并不是神童,他成绩一般,但他喜欢读书,喜欢看一些介绍各种简单机械模型制作方法的读物,从中受到启发,自己动手制作些奇奇怪怪的小玩意,如风车、木钟、折叠式提灯。英国科学家瓦特,小时候,有一次看到火炉上烧的水开了,蒸汽把水壶盖顶开,他把壶盖放回去但很快又被顶开了。瓦特就这样不断地把壶盖放来放去想找出为什么,后来瓦特意识到是蒸汽的力量,引发了他对蒸汽的兴趣,发明了蒸汽机。朱德懂得了很多的知识,世上不仅有中国的孔子、孟子、李白、杜甫、张衡、华佗,不仅有"之乎者也""善哉善哉",还有国外如同夜空中一颗颗灿烂发光的星座般的人物。

朱德开始认识世界、认识中国、认识自己,他询问世界、询问自己,有时想不通外国人的姓名为什么那样长,会向留学日本回来的刘寿川先生提问,刘先生和蔼可亲,回答说:"每个国家的姓名格式不一样,我们中国人的名字是姓氏+名,如你的朱+建德;英文名的姓氏是放在最后面,教名、牧师名放在最前头,中间名是母亲姓氏或小名、昵称。"

朱德性情敦厚,学习肯用功,让刘寿川十分喜爱、看重。

刘寿川是仪陇人,十九岁中秀才,在日本参加了同盟会,回国后来到顺庆府中学堂当学监。

朱德的眼中,刘寿川是一个可爱可敬的先生。刘先生教朱德打篮球,带着他在篮球场上跑来跑去,看起来不像是先生与学生在一起娱乐。假日里,刘先生把朱德带到家里,吃些节省下来的猪肉、鸡蛋。一次,同学们到西山游玩,朱德打篮球时脚崴了,不能去。刘寿川赶来,背着朱德去,朱德不好意思说:"刘先生,我这么大个子不能让你背。"刘寿川背着朱德说:"你个子再大也还是我学生。"他背着朱德大步地走,不停地说着西山风景:"南充古八景就有三景于此。'金泉夜月'传为袁天罡化金钗为水而成;'果山秋色'以黄果满山、刺槐林金秋送爽而著称;'栖乐灵池'虽置山顶,但不管如何干旱,此池清水满盈不涸,时人以池水浊清而判气象。西山集中了汉代以来的大量文物古迹,展现了南充市的文化传统和文明程度。唐代女诗人薛涛、宋代大诗人陆游等都曾流寓南充,赋诗盛赞西山美景。"

朱德伏在他背上,一股暖流涌上心头,眼泪控制不住地下来了。

"你哭了?"刘寿川感觉到背上有些潮湿,风趣地笑道,"你咋淌眼泪了,这不是你的性格啊!"

朱德眼睛中的泪水打着转,用极小的声音说:"我想起妈背我到马鞍场看病……"

"是呀,"刘寿川回头看一眼朱德,"母亲对儿女的心情是最真的。"

哦,滚烫的心、炽热的情,怎能不让朱德去爱自己的先生呢!

刘寿川讲物理、化学时，经常带来一些仪器，给学生们演示。 一次上物理课讲火车原理时，有学生问："为什么中国不能造火车？"刘寿川先背诵了一首日本民间歌谣："名茶上喜选，只消喝四碗。 惊醒太平梦，彻夜不能眠。"接着，他情绪激动地讲，"在这首日本民间歌谣中，首句的'上喜选'与日文中的'蒸汽船'刚好谐音。 讲的是咸丰三年美国海军将领马休·佩里率领四条蒸汽船闯进日本的江户湾，迫使日本打开国门，对外通商，日本上下惊慌失措的情景。 十九世纪中叶，日本仍处在封建社会，推行的是'闭关锁国'政策，国民没有信仰自由，百姓生活困苦。"

刘寿川讲话时，一只大手像斧子不时有力地挥动，似乎要砍倒让百姓困苦的罪恶大门。 他目光变得黯淡，说："同治六年，明治天皇励精图治，大胆改革，采取'奉还版籍'政策，废藩设县，将全国划为三个府七十二个县，建立起了统一的中央集权国家。 他还废除旧的'士、农、工、商'身份制度，将所谓公卿诸侯之类的贵族改称'华族'，将大名以下的武士改为'士族'，废除了封建俸禄。"

最后，他手猛然朝下一劈，激动地说："这是日本的明治维新，学习西方文明，引进西方科技与管理；发展现代教育，培养现代人才，整体提高国民素质。 这些重大变革，使日本从落后迈向先进。 科学给日本带来了生机，惟有科学才是救国之本，而只有变法维新，才能发展科学。 这是国富民强的惟一之

朱德的早年生活

路。"刘寿川先生的这一番话，朱德听来并不陌生，席先生不是也这样讲过吗？

刘寿川用朴素而深刻的思想指引着朱德，他还介绍了孙中山先生在日本创建同盟会，出版《民报》。孙中山是同盟会总理。同盟会的政治纲领是，"驱除鞑虏，恢复中华，创立民国，平均地权"。朱德心中无数次卷起扑岸的革命惊涛。

朱德一步一步向刘寿川走近，用年轻人敏锐的眼光察觉，刘先生的一言一行像自己心中想着的一个了不起的先进组织。他想：他是不是同盟会会员呢？

背地里，朱德对着刘寿川关切地问："你是同盟会会员吗？"

"不是。"刘寿川眉间紧蹙，表情严肃，不假思索地回答道。要知道，只要是同盟会会员就要被杀头的。

刘寿川把朱德推向了自己崇敬的校长张澜，接受洗礼。

张澜喜欢看朱德在篮球场上打球，还为学生们拣拾不小心扔到球场外的篮球。朱德有时把球投进篮圈里，张澜带头鼓掌叫好，对学生们说："你们要向朱建德学习，参加体育锻炼，有了强壮的体魄，将来才能建设国家。"

张澜常把朱德叫到办公室，谈天说地，他们聊家里人，聊亲戚朋友，聊得最多的是爱国爱民。张澜知道朱德的家境后，问："你怕过穷吗？"

"没怕过。"朱德平静地说了母亲的吃苦耐劳、善良帮助人，还说了母亲和大爸一次次想法借钱给他上学，说着说着，他忧伤地说不下去了。

二十　从沉思中惊醒

张澜听着，仿佛听到自己脑门里响起扎耳的断裂的声音，心里一阵刺痛；他又仔细一听，断裂的声音好像是来自天空上，接着，周围都响起断裂的声音，这声音像针、像锯、像锉刀，戳着、割裂着他的大脑、眼睛、鼻子、嘴巴、心脏、四肢，让他浑身疼痛。他眼睛四处寻找是什么东西在断裂。他心里猛地醒悟、发现，是朝廷的王宫在断裂，是朝廷与中国大地之间在断裂，是朝廷与天下的平民百姓在断裂。张澜感情激荡起来，把同情、坚硬的目光送给朱德，说："在这样的社会里岂能安生？不要怕贫穷，贫穷不需自卑，只要有志气就可以改变贫穷的命运，最可怕的是精神上的贫穷。我们贫穷，难道比陶侃还穷吗？"

朱德抬着头，刚强地迎上张澜的目光。

张澜说："知道东晋陶侃吗？他的曾孙是著名田园诗人陶渊明。"

朱德点点头。

张澜抓住朱德的手说："陶侃出身多贫寒啊。一次，冰雪积日，有朋友途经陶侃家，陶侃无以待客，他母亲剪下自己的长发卖给别人做假发，换得酒菜，招待客人。但陶侃有志气，后来官至荆江二州刺史、都督八州诸军事，封长沙郡公。在广州时，他闲时总是在早上把一百块砖运到书房的外边，傍晚又把它们运回书房里。别人问他这样做的缘故，他回答说：'我正在致力于收复中原失地，过分的悠闲安逸，唯恐难担大任。'他就是这样劳其筋骨，以励其志。"

朱德的心里震撼着说："校长，我记住了。"

张澜说："现在的中国千疮百孔，要唤醒、拯救危难的中华，靠我们每一个中国人，更寄希望于你们青年人啊！"

看孩子读什么书，就会知道一个国家有没有未来。

张澜亲自给学生们讲授"格致"课，这门课包括生物、物理等内容。他把留学日本时所学到的自然科学知识，和从日本带回来的标本、挂图、仪器、资料等，细致地教授给学生，灌满他们的心里。他对学生们讲："人生在世，做人、做事。做事难，做人尤难。学生求学，旨在学好做人、做事的本领。"

做人难，做一个好人更难，做一个对国家、民族有用的人难上加难。张澜要让自己的学生成才，即使不能成为大才、有用之才，也要成为好人。他把守旧的"修身"课先生换掉，自己亲自上"修身"课，课程改为爱国爱民、勤政亲民的古圣先贤的思想内容，和中华民族志士仁人的丰功伟业。

当时清朝腐败，帝国主义列强大肆侵略。张澜眼中、脸上都燃烧着愤怒的火焰，他虽然在组织上没有参加同盟会，可他的思想意识和活动已经革命化了。他喉咙里发出似乎是最后的吼声："要亡国灭种了，现在什么都不要管，就是牺牲身家性命，也要救国家！"

痛心疾首的呼声，像风暴卷过朱德心里，使他从沉思中惊醒，昂起头来。

朱德心想，张澜校长也许和刘寿川先生一样，是同盟会会员。

二十　从沉思中惊醒

一九〇七年，朱德从顺庆府中学堂毕业。这一年，是他从旧学到新学的转变，也是他接受"读书不忘救国"的开端，使他读书为"支撑门户"和"光宗耀祖"而转变到"读书救国"。这是他一生中思想发展的一个重要转折。

朱德赠予戴与龄诗一首，抒发了向往远方的情怀：

骊歌一曲恩无穷，
今在兴亡意计中。
污吏岂知清似水，
书生便应气如虹。
恨他虎狼贪心黑，
叹我河山泣泪红。
祖国安危人有责，
冲天斗志付飞鹏。

二十一　追寻信仰

朱德人生路上亮着一盏灯，是刘寿川。

一九〇七年的初春，朱德听了刘寿川"强身卫国"的话，去成都，到四川高等学堂附设体育学堂上学。他仍然挎着第一次上仪陇参加县试时用的蓝布包袱，一路快走，只用了五天，赶了三百七十公里的路，到了省城成都。

这是一个比顺庆府还要大、还要热闹的世界。这是不是那个坐在牛车上戴眼镜的青年人说的前方呢？朱德走在人群里，看着挑担的、抬轿的、推车的、拉洋车的从街上走过，看着孩子们抱着报纸边走边喊："快看《四川日报》，康有为改保皇会为国民宪政会、河南修武绅民抵制福公司开办铁矿。"朱德用惊诧的眼光看着五六十岁的老婆婆穿着花盘底的鞋，嘴里衔一根长烟袋，满人男的提画眉笼子上茶馆，女的脚上不缠裹脚布、穿着旗袍满街上走。他心里激动地想，这是革命的前兆吧。街上有官坐着轿子过来，前面戴顶子的，打锣的，唱道的，大声喊道："让路！让路！"人都闪开一条路，头上戴白帽子的纷纷拿下来。街面上，穿新军制服、挂着洋刀和穿洋服的最摩登。朱德看到最光彩的是东洋人、西洋人，特别是西洋人，蓝眼睛、高鼻子、黄头发，他们身上有一种怪怪的刺鼻味道。朱德觉得蛮蹊跷的，这些东洋人、西洋人，跑这么远到成都干啥子嘛。

朱德心想，这应该是那个坐在牛车上青年人说的前方，有许多他永远不知道的东西。

跨进了体育学堂，穿上校服，一套崭新的长袍马褂、瓜皮帽，胸前佩戴着校徽，整个人精神面貌焕然一新。朱德走到街上，周围人都用亮闪闪的眼光朝他看着，好像在说："这是一个读书人，国家未来的栋梁之材。"朱德顿觉自己一下长大了，这个国家与自己紧紧联系在一起，自己属于她的，她也属于自己的。他举起手来，觉得似乎能够顶着天上，国家的命运和希望都寄托在他这样的学生身上。

高等学堂的一切让朱德沉浸于兴奋中。体育学堂不大，先生和学生加起来也就二百多人。体育学堂专门培养体育教师，设置有教育、心理、生理、算术、修身、图画、体操、器械等课程。朱德忘不了大爸为了自己上学，又一次东挪西借，凑了五十块大洋作学费，他对每一种课都学得很刻苦。

体育学堂里有一条规定，"学生一律剪掉辫子"，朱德听了，拍手叫好。他万万没有想到，在中国会有这样一个学堂，能大胆让学生剪掉辫子。他早想剪了"猪尾巴"，觉得它代表着朝廷，代表着封建社会。

有的学生犹豫、害怕，不想剪辫子，说是大逆不道，被官府

朱德的早年生活

逮去要坐牢、杀头的。

朱德不怕，一身胆气地说："我早就想剪了辫子，与旧时代决裂，戴着它怎么上单杠、跳木马、翻筋斗。"

他狠狠地剪了辫子。

学堂为了应付官府检查，要求学生把剪下的辫子缝在瓜皮帽上，戴在头上仍像是长着一条辫子。朱德没有把剪下的辫子缝在瓜皮帽上，官府要来检查了，学堂主事人慌忙找到朱德，让赶紧把辫子缝在瓜皮帽上。朱德没有听，说："要剪就彻底剪掉，戴它干什么！"

主事人哄着说："我们不是应付吗？"

朱德说："我不缝。"

主事人充满了担忧的神情："这不是闹着玩的事情，轻则坐牢，重的要杀头的。"

朱德说："我不怕。"

"你不怕不要紧，我可怕呀。"主事人颤抖地说，他每说出一个字，就像眼前有人索要他的命一样，哀怜地说，"是我规定学生一律剪掉辫子的，全学堂有二百多号人呢，是二百多条人命啊。"

主事人的可怜、哀怨的样子，使朱德不好坚持下去，找出辫子，缝在了瓜皮帽上。

高等学堂里闪耀着青春的火焰，让朱德微微地激动。这里，先生说话激进，学生说话也激进，有的站在孙中山为首的资产阶级革命派一边，有的维护康有为君主立宪制，反对革命。

二十一 追寻信仰

他们在一起激烈地口舌论战,革命派举拳呼喊道:"中国自秦始皇统一天下,称皇帝,建立专制政体以后,这种视国家为一家一姓的私有财产的封建专制制度,就是中国兵连祸结、国病民穷以及一切罪恶的根源。因此,革命!革命!得之则生,不得则死,毋退步,毋中立,毋徘徊。"

保皇派学生不肯让步,咄咄逼人,大声疾呼:"为君主计,实有百利而无一害","对于皇室绝无干犯尊严之心","对于国家绝无扰乱治安之举"。

高等学堂空气中弥漫着自由、平等的气息。科学初到中国,算是堂堂正正的,能随意地谈,品头论足。革命潮流四处涌动、澎湃有声。先生也能说点带火星气味的新话,说:"保皇派的做法是要讨好官府,官府未必领情。"先生说话不怕官,学生说话胆大,几乎没有不敢说的话,他们更不在乎官。先生们说:"不可指名道姓说朝廷,官家会秋后算账的。"革命思想多了,学生不听话,只想推翻皇帝建立一个好的国家,无畏地说:"磨吾刃,建吾旗!"

在成都的英、法教堂,也办了些英文短期班,学生不是很多。有个别人去上课,给骂叫洋奴,抬不起头,惹得先生呵呵地笑。

官府来人,时而有学生被叫到校长办公室谈话,很快,不少人不敢说话了。拥护孙中山的同盟会员,在师生中暗暗地来往,散发传单、传递消息。

夜,是一双眼睛,一闭一合之间,不是黑暗就是光明。光明下，不全是公平、正义和高尚，黑暗中，也有歌声、鲜花和彩虹。

一个晚上，要睡觉时，朱德洗完脚，掀开被子，发现了一张报纸，拿起一看，是同盟会办的《民报》特刊《天讨》。他早听说过《民报》，前身是宋教仁在东京创办的《二十世纪支那》，因第二期刊载《日本政客之经营中国谈》等文，还未发行就遭日本政府没收。同盟会成立后，把它作为会刊，改名《民报》。孙中山撰写了发刊词，提出了"三民主义"，就是"民族主义、民权主义、民生主义"。这张报纸宣传壮大了革命派的声势，壮大了同盟会的队伍，最高发行量达到一万七千份。

朱德早想看看《民报》上面的文章，苦于见不到。他曾经向刘寿川讨要过，刘先生神神秘秘地说："官府耳目多，只可意会，不可谈论。"没想到，今天是踏破铁鞋无觅处，得来全不费工夫。他心里暗喜，把报纸掖在衣服里，跑进厕所，迫不及待地读起来。

《天讨》刊发吴樾的遗书，一下抓住了朱德的眼球，一颗心在黑暗的中国天空下飞旋、燃烧。吴樾是光复会成员，任北方暗杀团支部长，他主张以"五步流血"的暗杀手段对抗满清政府。他怀揣炸弹，潜往北京正阳门火车站，伪装成仆人，登上出洋考察的五大臣专车，急掷炸弹，壮烈牺牲，年仅二十七岁。吴樾向满清政府投出的第一枚炸弹，唤醒了昏睡的国人。

吴樾的全部遗书，内容包括《暗杀时代自序》《暗杀时代》《暗杀主义》《复仇主义》《揭铁良之罪状》《杀铁良之原因》《杀铁

二十一 追寻信仰

良之效果》《敬告我同志》《敬告我同胞》《复妻书》《与妻书》《与章太炎书》等。遗书字字血泪，言明民族民权大义，甘愿献身，敢为天下先。这是一个激烈而清醒的牺牲者。他说，追求长寿没有任何意义，当死比活着更有意义的时候，人就应该毅然去死。

回到房间里，睡在床上，朱德太感动了，他的心为吴樾跳动着，哀痛、惋惜、敬仰之情交织在一起，翻滚着、升腾着，无法入眠。是啊，"当死比活着更有意义的时候，人就应该毅然去死"，多么从容、慷慨、大义凛然的话语，像号角，又似滚动的雷声，在朱德心中长久地回响，把长期蕴蓄在心底的救亡图存、忧国忧民、传播革命、矢志不渝、凌云壮志，无所顾忌地呼喊了出来。

真不愧是雷霆之声啊！朱德心中喟叹道。

《民报》特刊《天讨》带来的激动，使朱德心里揣着一团火，焦急地盼望、等待着送报人来和他接头。他想，肯定是同盟会人注意上了自己，他们肯定要来找他。

朱德留意着身边人，他们的一颦一笑，他都会在心里细细品味、分析，这个人是不是来和他接头的？

一天，有一个同学从背后突然捂住朱德的双眼，他连忙追问这同学是谁，要干吗。同学沉得住气，不笑，不吭声。朱德的心跳加快，催问，怎么这样长时间才来找他。闹了半晌，不是的，朱德的心像是要碎成两半儿。

等待人的时间是寂寥的。一连几天，朱德没有等到要接头的人，有些说不出的失望、郁闷。

严冬的清早，空气冷冰冰的。朱德两手套在袖笼里，在街上漫无目的乱走，排遣心中不快的情绪。他看到有三个光着身子的年轻人，在身上竖排着稀稀拉拉的一些稻草，用草绳横着捆在身上取暖。他们走起路来简直就像是稻草人在移动，双腿完全暴露在外面。脖子上捆有稻草，显得滑稽可笑……看到他们瑟瑟颤抖着身体在街边饭馆里讨饭的样子，朱德难过得实在是看不下去。

朱德走到东门外的桥边，没有风，却比有风还要冷。河里结着冰，光滑滑的。他想朝河边走，看看结的冰厚不厚。拨开枯黄的草丛，看到里面躺着三四个讨饭人的尸体，有的穿着破烂的大麻布衣服，有的身上什么都没有穿……他本能地往后退了一步，两腿像生根似的站住，心里如同被一把铁锤狠狠地砸了一下，脸上变得苍白。他把嘴唇闭得紧紧的，抬起眼，对着发亮却冰冷的河望去，心里像结了冰，冰凉。他嘴里不时呼出白色的雾气，带着愁绪、幽怨、愤恨……

"他们是被这个封建的社会吃掉的！"朱德心里抑制不住这样叫喊。

他觉得身上从未有过的寒冷，觉得心中需要一点火、一点温暖，人生旅途需要有人指点方向。他寻找同盟会会员的心情更加迫切了。

等待接头的人你在哪里？朱德心里下着雪，苍苍茫茫。

等呀、盼呀，等待接头的人像离去很久，没有踪影。

二十一　追寻信仰

朱德觉得不能再这样"守株待兔"地等待，要在学堂里主动出击，寻找"火种"。

他想了一个点子，把《民报》藏在一个认为极有可能是同盟会会员的同学枕头下，暗中盯着他，看有什么举动。盯呀看呀，这个同学看了一眼报纸，可能怕惹是生非，找个没人地方扔了报纸，随后，除了吃饭、睡觉，就是和同学在一起说笑，偶尔帮同学做点好事。

朱德失望地摇摇头。他看着学堂里的人群，依然没有失去信心，相信，在等待中一定会追寻到自己的信仰。

这一年的年底，朱德从附设体育学堂毕业，总共十三门功课，他考试平均每门成绩八十二分，名列全学堂第十名。

二十二　一条光明又长满荆棘的路

一条山路，带着朱德朝陈家湾的家里走去。

他到成都上学，有一年时间没有回家了。平时还好，一天到晚地上课，摸爬滚跳，回到寝室里腰酸背痛就睡了，没有工夫想家。可是，一天晚上，他做了一个梦，活灵活现地见到了母亲，母亲来学堂看他，给他做瓜菜糊糊吃，他狂喜地一连吃下三碗。这个梦，让他有时晚上睡觉想起家，想几百里路外的母亲，想着母亲在家里拎水、劈柴、洗衣服、担粪、下田薅草、种菜、喂猪、纺纱，想着母亲脸上艰涩的笑容。毕业考试以后，各门课程结束了，他心里灌满陈家湾、大湾的家，觉得已像离开全家人四五年似的，有一种刻骨铭心的想念，使得眼睛发酸、发潮，甚至眼角挂下一些泪珠。

初春，晴朗的天空是瓦蓝的，白羽般的云絮随意散落长空。山峦起伏，树林野草，色彩斑驳，四野寂静。

一九〇八年初，朱德收到刘寿川的信，他已回到仪陇县立高等小学堂当督学，邀请他毕业后回乡一块创办县立高等小学堂。

朱德一口答应了，从小到大，他把当先生看作是最了不起的事，现在"教育救国"，正是需要他出力的时候……

朱德从成都回到仪陇后，先去高等小学堂报了到，见了刘寿川，随后急忙朝陈家湾家里赶去。

离家越来越近，他的脚步也越来越快，巴不得一步跨进家门。故乡的一切，看在眼里都是亲切的、美的。他看着天上纯洁的白云，眼前就会出现母亲，觉得白云像是母亲，在高高的、辽阔的苍穹间，那样地宁静、端庄、亲和。朱德爱白云，看不够白云，但觉得白云还不能与母亲相媲美，母亲给他的爱太多太多了，让他一辈子都还不清。他崇敬母亲，母亲让他懂得了世界上什么是爱、什么是无私与伟大。

山里的静，连小小飞虫懒懒的嗡嗡声听着都是那么大、那么真切。有一阵子，朱德想到自己回到家乡教书，离家很近，还可以照看祖父母、父母、大爸大妈，他心里无比地舒畅。当想到自己开始挣钱，能偿还这些年读书让家里欠下的两百多块大洋的债，能够抚慰家里人的心，更加添了几分喜悦。

当想到自己多次写信没有告诉家里人报考了体育学堂，现在又到小学堂担任体育老师，他心里稍稍掠过一丝不安。是呀，这与家里人所向往的、希望看到的出入太大了。他们不会理解，读书这么多年，最后学的是跑呀跳呀的，当起了体育老师，与走仕途当官毫不相干，枉费了全家人的心血。

他面临着家里人的责难、埋怨、气愤、痛苦，心里已经做好了磨难与挑战的准备。

他捧起溪流里的水，大喝一口，好凉。他用溪水洗下脸，冰冷的，扎得身上打一个激灵，霎时使大脑那么清醒，眼睛那么清亮。他尽量丢开烦恼、不安，让心底清澄、干净、光明，一步步走进那理想的境地。

看到家了，朱德见家门口站满了人，老远就看见了几个侄子，又是喊叫又是挥手。当朱德快要走进门口时，侄子们飞快地穿过田坎回家报信去了。

朱德到家了，一家人在门前排成了两行，在他面前恭敬地低头行礼。朱世林、钟氏脸上溢着满足的愉悦，儿子在县里做事，读书有了出息，他俩想看看儿子现在脸上是什么样的神情、说话走路是什么样的气派，可他俩只看了一眼儿子，赶紧低下头行礼。朱德拉着钟氏的手，朱世林用臂膀捣捣她，说："行礼。"朱世林不把朱德当做儿子看待，连连让朱德先进屋。几间房里打扫得干净、利索。朱世林安排朱德坐在上位，一家人众星捧月般簇拥着这位县里来人，眼睛闪出骄傲、自豪，嘘寒问暖，问这问那的。

代历微微一笑："从县里走回来习惯吗？"

朱德说："从小到大都是这样走路，还有啥子不习惯。"

代炳眨眨眼睛："离家这样长时间，想不想啊？"

朱德说："想死了。现在好了，我回来了，要为家乡做点事。"

一家人听了，满意地"哗"一声笑了。

代凤的神情充满了好奇，问："成都啥样子，大不大？"

"大，太大了，比仪陇大上几十个。"朱德用手比划着，绘声绘色地说，"成都街上的男人穿的是长袍、马褂、便鞋、瓜皮帽，年轻女子上街不裹脚，上身穿喇叭口圆领袄，下身穿黑裙，脚穿长腿线袜。 成都满族女人很多，头顶梳髻，俗称'两把头''大拉翅'。 她们穿袍服时不穿裙，袍里面穿裤。 满族妇女的服饰、鞋靴精美高雅，富贵人家还有马蹄袖和'镶滚'那些装饰，像艺术品。"

一家人眼睛瞪得溜圆，张开嘴，"啊？"听到高兴处了，"嘻嘻"一笑。 有的侄女听说不裹脚的事，脸一下子红了，好像是自己做的事情似的。 代凤还问："女子真的敢不裹脚吗？"

"是的。"朱德微微点头，眼神深沉，像是深深的潭水，说，"怕是要革命了。"

代凤问："什么是革命？"

朱德攥住拳头说："打倒封建。"

朱德想起在成都看到的当官的，兴冲冲说："成都的大官一抓一大把，老百姓都是怕官，那些官大半也都是有钱的人用钱捐来的，所以每县的县官，都要苛捐杂税搞很多钱。 官的势力是很大的，街上见到官，就要喊：'站起来！ 站起来！'没一个敢坐。 官是坐着轿子的，一出来就是一大串，前面戴顶子的，打锣的，唱道的。 成都的府官、道台很多，坐着拱杆的轿子，抬起来在街上飞跑，因为小官得避大官的道，碰上就要处罚，那真是下不得台，就得远远看着。 大官一来，小官的轿子就得赶快抬到小巷子里去等等，回头再出来。 小官早晚还得到大官那里

朱德的早年生活

去问安,初一、十五还要去参香。这些官对学堂就很客气,还看看望望。"

一家人向朱德投去敬慕的目光,觉得他是个官了,他们也沾着点官味。

全家人特意为朱德腾出了一间房,摆上最好的床、桌子和椅子,还在椅子上放上草垫子。朱德心里不安,拿起草垫子送给爸爸,朱世林挡住了,说:"你该用,现在是县里人嘛。"

一家人把朱德"供"着了,在家里,他每次想拿桶挑水,钟氏会夺下他的扁担;他下田,朱世林会把他拉回家。朱德吃的饭菜也是专门做的,有油水有蛋,他受不了这样的"照顾",不吃了。

一家人被惊动了,找钟氏"算账",钟氏苦口婆心劝解儿子要吃。一家人尽力地讨好朱德,使他舒适、开心、高兴。他们带着他在家前屋后溜达,看他在顺庆府上学时带回来的桑树,眨眼间,一棵棵桑树已蹿有一人多高。朱德看着枝条上爆出的一星星粉嫩的新叶,流露着喜悦说:"在顺庆府上学时,我看人家栽桑树养蚕,蚕茧一下来,能换油盐,换布换钱。"

代历说:"家里蚕茧也下来了,换了一些布和钱。"

朱德说:"栽桑树好,荒坡沟里都能长。"

代历点头说:"没错,是这样的。"

朱德家的屋里都是笑容和笑声,每个人都显得十足地精神,看起来日子过得比过去好了。细心的朱德看到家里吃的瓜菜糊糊,每个人身上的衣服虽然洗得干净,也整齐,可打满了补丁,

二十二 一条光明又长满荆棘的路

看不到一个人能穿上新衣服。他心里有点愧疚、自责,好像家里的贫困全是他一手造成的。

在家里,朱德待不下去,看不下去,想回仪陇。晚上,他和钟氏单独坐在厨房里说话。钟氏要点灯,朱德拦下了,说:"妈,不用点,看得见。"

钟氏晓得儿子是怕多耗了桐子油,没吭声。

厨房里黑黝黝的。母子俩面对面坐着,朱德伸出两手,在黑色中抚摸着母亲温热的脸颊,他摸着了额头、鼻子、眼睛、嘴巴、下巴、耳朵,摸到了脸上一道道粗粗的、深深的皱纹。钟氏喃喃自语:"老了,脸上都是沟。"

朱德的脸几乎贴着母亲的脸,呼吸着钟氏嘴里呼出来的气息,觉得这一缕缕气息如同四月的和风款款地抚摸着他,把他这个在外面奔跑的儿子带进心灵中的港湾,享受母爱带给的温馨和力量。

朱德深情地说:"在外面,我惦记的是妈,你只要好了,幺儿就啥子都好。"

钟氏笑盈盈地说:"妈啥子都好,你在外面尽管好好地做事,不要多想。"

朱德说:"我下次回来带你和爸爸去仪陇,让你们二老好好地享福。"

钟氏两只手抓住儿子的手,说:"妈和你爸哪儿也不去,去干吗,只能添麻烦,碍手碍脚。再说,家里也离不开,谁来喂猪,谁来拣鸡下的蛋,那家里非乱了套不可。"

朱德的早年生活

朱德笑了，又说："妈，能告诉我实话吗，家里日子过得咋样？"

钟氏的手颤动一下，松开了朱德的手，良久没有吭声。半晌，她叹息一声，很慢地说："不好过，你知道的，眼前这样做全是为的你，表面上他们不愁，背后都快愁死了。"

朱德抱住了钟氏，牙齿紧紧咬着嘴唇。

钟氏说："欠的债越来越多，一大家人把日后过好日子都放在你身上了。"

朱德眼里憋不住地挂下泪水，感受着内心的痛。

钟氏的手摸到了儿子脸上黏稠的泪水，手摸索着找到他的眼睛，擦着湿漉漉的眼睛，低低地说："莫哭，哭会伤身子，全家人都会帮着你的。"

"我没哭。"一滴泪珠流到了朱德嘴角里，他尝到了咸咸的、涩涩的味道。泪水安慰了他，使他大脑清醒，内心坚强又强大，有了更加透彻的思考和主张，并有一种面对生活的勇气。朱德对着母亲吐出了堵在喉咙里的"忧愁"和"纠结"，说出了自己在仪陇做体育老师，开始挣钱偿还家里的债务。他起初以为母亲肯定会被他的话惊骇、愣怔住，也许会失望地哭起来，谁知，听了儿子的话，她显得异常镇定，只是喘息声在宁静的黑暗中更加粗重起来，她的这种刚强简直不像是一个孱弱、胆小怕事的乡村妇女。她怕儿子难过，安慰地说："好孬是一个饭碗，比种田强，建德是有出息了。你好好对爸爸说，他性子急，不要吵。"

二十二 一条光明又长满荆棘的路

真话，那是心灵上的慰藉。

朱德对朱世林没有直接说出自己在仪陇学堂当体育教习，怕他一下子接受不了，而是拐弯抹角地说："我们这种乡下人，没有后台，做不了官的，能找到点事做就不容易了。"

朱世林刨根问底："你做啥子嘛？"

朱德轻松地笑了下，说出了实话。朱世林当是耳朵听错了，瞪着眼问："你说什么？我没听清楚，再说一遍。"

朱德说："当体育教习。"

朱世林问："体育教习是啥子嘛？"

朱德说："教学生练跑、练操、练单杠双杠……"

朱世林顿觉天塌了、房塌了、心里也塌了，他喉咙里喘不上气来，半天，终于缓过一口气，怒火如火山一般爆发了，大喊大叫道："你当这鬼玩意干啥子，伸胳膊甩腿，出苦力人都会做。你好不懂事，家里背上这么多的债，供你读书，你倒好，在外面瞎逛荡，不管家里死活。"

代历的神情也变得发凉，说："全家大眼瞪小眼巴望你读书有出息，你现在怎么学了这东西？"

委屈、羞辱、气闷一起在朱德胸腔里翻腾，他真想放开喉咙大吼一声。他想到了母亲的叮嘱，忍住了，平心静气地说："爸，你不要生气，听我说嘛，我是要为家乡做点事……"

朱世林跳起来，吼叫着，声音像闷雷一样滚动着："听你说啥子嘛，你能了，翅膀硬了，想干啥子就干啥子嘛。"

朱德还是说："办教育是件正经事，体育教习，是强健身体，卫国卫民……"

"不要听了。"朱世林摆了摆青筋暴起的手，喊道，"你的狗皮膏药不要在家卖了，要卖就拿外面去！"

说了这话，朱世林拿起旱烟，辫子一甩，穿着一双旧草鞋，气哼哼出了门。

朱德看见母亲独自坐在墙角落里，默默地用衣襟擦着泪水。他走过去，蹲在母亲面前，见她眼睛哭得又红又肿。

天黑了，朱世林也没有回来。

在房间里，朱德坐在桌前，眼睛盯着桐油灯微弱的火苗，昏黄的灯光把他的身影投在低矮的墙壁上。火苗如豆，晃晃悠悠，却在他心里燃起一片烈烈的火焰。是呀，自己已经选择了生活的道路，选择了卫国卫民的道路，就要敢于坚定地、不回头地走下去。朱德没有责备家庭，责备父亲对自己的不理解和气恨，他明白，这虽是一家人的悲伤，更是一个时代的伤痛，家里贫困的无情现实该由这个旧制度来负责，他的辛酸家境也是天下千千万万个农民家庭的缩影。为了使天下农民不再永远陷入这样黑暗生活的深渊，他必须有所担当，有所信仰，有所奋斗！

第二天，朱德赶往大湾朱世连家里。没想到，朱德看见父亲朱世林也在这里，一夜之间，他觉得父亲的脊背重重地驼了下来。

两位老人望望儿子，苦着脸，嘴里动了动想说什么，话到嘴边又咽了下去。

在大湾家里，朱德只住了寂寞的一晚，觉得十分漫长。

二十二 一条光明又长满荆棘的路

次日,他早早起来,要回仪陇。 朱世林没有送朱德,抿嘴无语。 父爱在默默的目光里牵挂,朱世林不为人晓地看了眼儿子的背影,用手擦了擦流出来的泪水。

六十来岁的朱世连穿着一件补丁摞补丁的衣服,把朱德送出里把路。 他对朱德温厚地说:"我们是种田人,不懂得那么多事情。 你不要生气,学会自己照顾身体,多捎信来吧!"

朱德心里像压块石头,沉甸甸的,嘴里讲不出话来,只是用力点了点头。

青年人,一旦为了民族和国家的命运而担心、焦虑、呼喊,他的品质在雷暴风雨中得到净化、升华,生命也会绽放出美丽、绚烂的礼花。

一九〇九年,七八月间,朱德思想的大门露闪出了一线光焰:国家将亡了,应该当兵,救国救民。 中国思想的电闪雷鸣的风暴,正从殿堂席卷向变革的旷野,新的生命与旧的时代进行着一场殊死的撞击和较量。 刘寿川看出朱德有救国救民的志向,还有军事才能和资质,走"从军报国"的道路是对的。 他给朱德添了一把火,鼓励说:"你要报考军校的话,我送给路费。"

对一个国家、民族的贫困、屈辱、血泪与辛酸的痛苦刻骨铭心的,莫过于深深地热爱她的人。

在白云苍狗的世事沉浮中,朱德离开了仪陇县立高等小学堂,义无反顾地走向了前方。 那是一片浩瀚、蔚蓝色的大海,那是一个汪洋恣肆、瞬息万变、气象万千的社会大舞台,有白昼与黑夜，宁静与喧嚣，庄严与冷酷，平凡与伟大，高尚与卑微，咆哮与歌唱，鲜血与火焰，还有涌动着斑斓生命的波澜，狂奔不息……

朱德对着前方，深深吸了一口气，踏上了一条光明而又长满荆棘的道路，考进云南陆军讲武堂，取名朱德。

一个士兵到元帅的伟大军事家的道路从这儿开始了。

二十三　母亲心跳的声音

离开了家乡，参加了革命，朱德成了八路军总司令，从此再也没有来得及回家看一看自己的母亲。

母亲的心中，不管孩子取得怎样的成就，在她们眼里，他依然是那个没长大的、需要她们照顾的孩子。在母亲心中，不论朱德成为怎样的总司令、元帅，在她眼里，永远是一个长不大的孩子，她多么巴望她的狗娃能回家看一眼她。

是呀，与母亲的唠嗑，刚刚开始就已经结束了。

离开了母亲，也是孩子打开心扉、倾听母亲心跳声响的时候。

朱德看不到母亲时，母亲却能一直看着他。儿子是母亲身上的肉，哪怕隔着千山万水，在她的心中，不论伤风感冒，还是碰上窝囊的事，（哪怕有一声叹息，）母亲也会隐隐感觉到、听到、看到，睡觉不踏实，念你、唠叨你……

一九四三年，朱德才听说自己母亲身体已经很差了，精神一天不如一天，希望朱德能回家看一看。但当时抗日战争正在关键时期，朱德在延安实在是抽不开身，他多次在半夜里流泪，好几天魂不守舍的。

一九四四年二月十五日，朱德的母亲去世，享年八十六岁。由于战争期间，这个噩耗传到延安已是早春三月了。老家来信说，钟老太太病逝，死得突然，十分安详，没有痛苦。虽然说得如此轻松，但仍令朱德悲伤不已。他一个人坐在炕头上默默地吸烟，眼泪在他刚毅的脸上流淌。

母亲占据了朱德整个心灵的感情，他一个多月没有刮胡子。他在延安的《解放日报》上发表了悼文《回忆我的母亲》。他说："母亲现在离我而去了，我将永不能再见她一面了，这个哀痛是无法补救的。母亲是一个平凡的人，她只是中国千百万劳动人民中的一员，但是，正是这千百万人创造了和创造着中国的历史。"

党中央知道这一消息后，在延安为一个没有名字的母亲开追悼会，这是唯一一次为党的领导人的母亲开的追悼会。

朱德曾这样说道：自己一生最后悔的事情是，在母亲临终前，连为母亲倒一杯水都做不到。这成了朱德今生的痛。能冲刷这痛的只有眼泪。

后 记

这本书写出来，颇费了一番心思。

起初，我想从广为人知的《朱德的扁担》入手，可是，看了一大摞参考书后，觉得可用的素材太少，只能作罢。思考再三，我觉得应该写朱德与母亲。朱德的母亲这一伟大形象，因为朱德的一篇《回忆我的母亲》文章，在全国家喻户晓，影响了千千万万个做母亲的，她们都要做好母亲，温暖了几代人。写朱德与母亲没有想象的那样简单，首先是资料的匮乏，怎么办？我把朱德《回忆我的母亲》读了几十遍，在字里行间一点一滴梳耙，寻求细节和故事，做了几本笔记。同时，从能搜寻到的书籍、材料上，一点一点接近、走近朱德和他的母亲。这个伟大的母亲，在贫困这个冰凉的世界里，用编织的草鞋和昏黄的桐油灯，煮熟的瓜菜糊糊和辛勤的忙碌，善良的笑容和平常的唠叨，换来一个连过县试、府试的"秀才"，从一个士兵成长为共和国的元帅……

写作的过程可谓是一波三折，如何把握好素材，在艺术上超越自身，跳出一般写法，写出真实的、丰满的、有血有肉的朱德和母亲，这些重重地考验着我。几次，因为写不出"新意"，我心灰意冷，有了当"逃兵"、不想写的想法。

几次徘徊，几次自我打气，我觉得不能自暴自弃，想到已经完成，并出版的《少年毛泽东》《刘少奇过苏鲁交通线》《跟随周恩来过草地》三部书，如果缺了《朱德的早年生活》，那就构不成一个系列工程，更不要说是塑造四个伟人历史群像这项完美的创作，一定会终身遗憾。

我又写起来了，在修改第二稿时，"感觉"如同潮水涌来了，把稿子几乎从头到尾重写了一遍。

责任与崇敬，使我写出了这本书。

2018年1月21日　连云港

参考书目

《朱德自述》

中共中央文献研究室第二编研部　编

国际文化出版公司

2009年8月

《话说朱德》

中共中央文献研究室第二编研部　编

中央文献出版社

2000年6月

《少年朱德》

罗歌　著

四川少年儿童出版社

1999年9月

《朱德传》

中共中央文献研究室　编

中央文献出版社

1993年8月

《伟大的道路》

艾格尼丝·史沫特莱　著

东方出版社

2005年12月

《朱德人生纪实》

中央文献研究室科研部图书部　编

凤凰出版社

2011年10月